III.1 Das erste Gebot

Eva und ihr Gott

Eva ist happy! Gerade hat sie bei einer Internet-Auktion das Poster ersteigert, hinter dem sie schon so lange her war. Sie wird zwar ihr Konto überziehen, aber das ist ihr egal. Endlich hat sie das lang ersehnte Bild ihres Stars. Sie weiß zwar im Moment noch nicht, wo sie das Poster aufhängen soll, denn alle Wände und jede freie Fläche ist bereits mit Bildern, Postern und Zeitungsausschnitten beklebt. Wenn freitags die neue Programmzeitschrift kommt, kreuzt sie sofort alle Sendungen an, in denen ihr Star im Fernsehen zu sehen ist. Das will sie auf keinen Fall verpassen, egal was passiert.

- **Äußere dich zu den beiden Beispielen.**
- **Warum ist hier jeweils von einem Gott die Rede?**
- **Was haben die Beispiele gemeinsam?**
- **Zeichne zu einem der beiden Berichte ein Altarbild.**
- **Was für „Götter von heute“ fallen dir noch ein? Ergänze.**

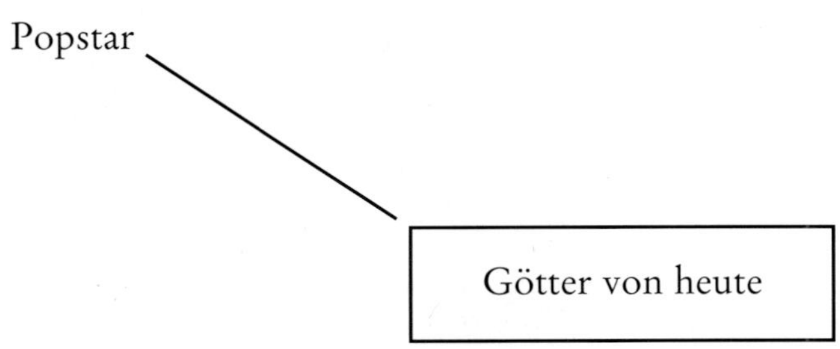

- **Suche Lieder, die sich mit dem Thema „neue Götter“ beschäftigen.**
- **Erstellt in Gruppen eine Collage zum 1. Gebot.**

D

Wer keine anderen Götter hat oder anbetet, erfüllt damit die wichtigste Voraussetzung des 1. Gebotes. Der Mensch hält Gott die Treue und stellt die Verbundenheit mit ihm über seinen eigenen Vorteil. Er erkennt an, dass jeder Mensch einmalig ist und verschieden geschaffen wurde, jeder unterschiedliche Gaben mitbekommen hat und vor andersartige Aufgaben gestellt wird. Damit steht nicht mehr der persönliche Vorteil und das Weiterkommen an erster Stelle, sondern das Leben in der Gemeinschaft.

- **Notiere, was dich besonders auszeichnet.**
- **Überlege danach, wie du diese Fähigkeiten für die Allgemeinheit einbringen kannst.**
- **Wer ist für die Allgemeinheit wichtiger: Müllmann, Lehrer, Maurer, Programmierer, Musiker oder Minister? Versuche, eine Rangfolge festzulegen.**

E

Ich bin ein Star, ich …

verbreite Gerüchte, um interessant zu bleiben.

lasse mich nackt fotografieren.

mache Werbung, egal für was.

spende, wenn die Presse dabei ist.

mache jeden Auftritt, der möglich ist.

behaupte Dinge, die aktuell sind,
auch ohne dahinter zu stehen.

Ich bin ein Star, ich …

bereite durch meine Lieder Freude.

stehe zu meiner Partnerschaft.

sage immer die Wahrheit.

unterstütze Notleidende ohne Presse.

bleibe mir selbst treu.

stehe auch mit Steuern für mein Land ein.

- ▶ **Vergleiche die beiden Lebensauffassungen.**
- ▶ **Welche ist im Sinne des 1. Gebots?**
- ▶ **Haben diese Stars Esatzgötter? Wie könnten sie heißen?**

F

Was für den einzelnen Menschen gilt, behält auch für Staat und Wirtschaft Gültigkeit!

Abrüstung schadet unserer Sicherheit

Eine-Welt-Laden eröffnet

Schuldenerlass für Entwicklungsländer

Millionen Menschen verhungern

Umweltschutz – rausgeschmissenes Geld

Familien finanziell stärken

Arbeit für alle

Rohstoffsparende Energien

Die Spaßgesellschaft

- ▶ **Erläutere die Schlagzeilen mit deinen Worten.**
- ▶ **Welche Aussagen sind im Sinne des 1. Gebots, welche nicht? Sortiere.**
- ▶ **Suche aus Zeitungen und Zeitschriften ähnliche Schlagzeilen.**
- ▶ **Hat das 1. Gebot heute noch eine Berechtigung? Begründe deine Meinung.**

III.2 Das zweite Gebot

A

> Du sollst dir kein Gottesbild machen und
> dich nicht vor anderen Göttern niederwerfen.

Die Israeliten haben bei ihrem Zug durch die Wüste Jahwe erfahren, ohne dass er jemals für sie sichtbar wurde. Jahwe redet aus dem Feuer zu Mose, Jahwe spricht durch die Naturgewalten (Blitz und Donner), Jahwe zeigt seine Anwesenheit durch eine Wolke und durch eine Rauch- bzw. Feuersäule bei Tag und Nacht. Alle diese Erscheinungsformen haben gemeinsam, dass sie kein Bild von Jahwe zulassen. So wie das Feuer ein Bildnis verzehrt, bleibt es auch im Nebel oder in der Wolke verzerrt und letztlich unsichtbar.
Jahwe gibt dem Wunsch der Israeliten nach einem Bild, das der menschlichen Vorstellung entspricht, das man betrachten und dem man nachfolgen kann, eine deutliche Absage: „Ihr sollt euch keine Götzen anfertigen, Schnitzwerke und Steinmale nicht aufrichten, Steine mit Bildwerk nicht in euerm Land aufstellen, um davor niederzufallen!“ (Levitikus 26)
Jahwe kann in keinen Rahmen gepresst werden, der ihn für immer sichtbar macht und statisch festhält, denn er ist anders und sprengt menschliche Vorstellung und Phantasie. Er fordert vielmehr den Menschen auf, ihm treu zu bleiben und fest zu ihm zu gehören, ohne dass ein Bildnis vorhanden ist, denn er ist der „Ich bin da“.

- ▶ **Welche Erfahrungen haben die Israeliten mit dem „Jahwebildnis“ gesammelt?**
- ▶ **Warum verbietet Jahwe ein Bildnis von sich?**

A

Thomas in der Fremde

Thomas hat seine Heimat verlassen und ist ausgewandert. Aus der Ferne versucht er den Kontakt zu seinen Eltern und Geschwistern zu halten. Zu Ostern bekommt er ein Paket von seiner Schwester. Sie schickt ihm ein Osternest, so wie sie es früher immer im Garten gesucht haben. Als Thomas das Paket öffnet, sieht er seine Heimat vor sich, er spürt den frischen Heugeruch und hört das freudige Lachen.

- ▶ **Berichte über Thomas Erfahrung beim Öffnen des Paketes.**
- ▶ **Das Osternest ist ein Bild seiner Heimat. Erkläre.**
- ▶ **Ist es das Gleiche, ob man sich ein Bild von seiner Heimat macht oder eines von Gott? Begründe deine Meinung.**

C

Jahwe – ursprünglich in hebräischer Sprache JHWE. Dies ist unaussprechbar und kein Name, sondern eine Umschreibung seines Wesens, der „Ich bin da“. Somit umschreibt JHWE oder – wie wir heute sagen – Jahwe all das, was wir von Gott zu glauben wissen:

Gott hat ...

Hände
Er ist das Tragende im Leben, er bedient sich unserer Hände, um Gutes zu tun.

Ohren
Er ist der Hörende, das Ziel aller Sorgen und Probleme.

Augen
Er ist der Sehende, dem nichts entgeht, der alles wahrnimmt.

Mund
Er ist der Sprechende, der warnt, bekräftigt, ablehnt.

Gott ist ...

der Väterliche	der Mütterliche	der Schaffende
der Richter	der Gerechte	der Bewahrende
der Bestimmende	der Urheber	der Letzte
__________	__________	__________

- **Was ist Gott sonst noch? Ergänze.**
- **Gib Beispiele, in denen Gott so erscheint.**
- **Schreibe zu einer Eigenschaft eine kleine Episode.**
- **Versuche das, was von Gott gesagt wird, in ein Bild zu fassen.**

D

Psalm 23,1 Hirte

Psalm 27,1 Licht und Heil

Psalm 18,3 Fels, Burg, Hort, Schild, Berg, Schutz

Psalm 36,10 Quelle des Lebens

Psalm 47,3 König über die ganze Erde

Psalm 50,6 Richter

Psalm 84,12 Sonne, Schild

Psalm 144,2 Hilfe, Burg, Schutz, Erretter, Schild

▶ **In diesen folgenden Psalmen findest du noch weitere Aussagen über Gott.
Notiere die entsprechenden Bildworte.**

E

JHWE ist also kein Name, sondern eine Art Programm. Da der Mensch Gott nicht fassen kann, versucht er mit Beschreibungen und Bildern ihn leichter fassbar zu machen. Solche Bilder, in denen Eigenschaften die tragende Rolle spielen, sind daher kein Abbild, sondern helfen die Vorstellung zu unterstützen, die ständige Präsenz Gottes aufzuzeigen oder die Erinnerung an ihn wach zu halten.

Solche „Bilder“ verändern sich je nach Alter und Lebenssituation. So wird die Frage, wie man sich Gott vorstellt, z. B. wie folgt beantwortet:

Kleinkind:	**Grundschulkind:**	**Jugendlicher:**	**Erwachsener:**
Feuerball	Vater	Wolke	Kraft
Lichtstrahl	Hirte	Weltall	Wind
bunte Kreise	Herrscher	Taube	unvorstellbar

▶ **Beschreibe, wie Gott in bestimmten Altersstufen gesehen wird.**

▶ **Warum entwickelt sich das Gottesbild?**

▶ **Welche Bedeutung haben solche Gottesbilder?**

▶ **Wie siehst du Gott? Versuche eine Skizze.**

F

Das 2. Gebot verbietet dem Menschen auch, den Namen Gottes zu missbrauchen. Ein solcher Missbrauch liegt vor, wenn Gott für Zwecke eingesetzt wird, die mit seinem Wesen nichts gemeinsam haben bzw. einseitig auf bestimmte Verhaltensweisen abzielen. Gott findet man in keiner „Schublade", die man je nach Bedarf, nur zu öffnen braucht.

- ▶ **Welche Eigenschaften erhält Gott hier jeweils?**
- ▶ **Kannst du Beispiele formulieren, in denen sich Gott so zeigt?**
- ▶ **Warum wird hier gegen das 2. Gebot verstoßen?**
- ▶ **Welchen „Typ" Gott findest du in der mittleren Schublade?**

G

Aus einem Videoclip:
Eine Sängerin schwebt vor einem Altar, die Menschen in der Kirche bewegen sich in ihren Bänken im Rhythmus der Musik.

Aus einer Werbung:
Ein Mittagstisch im Kloster. Mönche in Kardinalskleidung sitzen um einen Tisch herum und preisen den Geschmack einer Pizza mit „himmlisch" und „göttlich" an.

Auf einer Karnevalsverantsaltung:
Der Sitzungspräsident einer Kappensitzung präsentiert sich als Gottvater, der Elferrat als Engel.

- ▶ **Hast du solche Beispiele schon im Fernsehen gesehen? Erzähle.**
- ▶ **Warum liegt hier ein Verstoß gegen das 2. Gebot vor?**
- ▶ **Warum werden Gott oder biblische Szenen gerne in der Werbung gezeigt?**
- ▶ **Welche anderen christlichen Symbole findet man in Werbungen?**
- ▶ **Sucht selbst Werbeanzeigen oder Werbespots, in denen Personen aus der Bibel oder Kirche eine Rolle spielen. Stellt eine Collage zusammen.**

A

Gedenke des Sabbats – halte ihn heilig!

Nach dem biblischen Schöpfungsbericht hat Jahwe die Welt in sechs Tagen erschaffen: Erde und Himmel, Tag und Nacht, Meere und Täler, die Gestirne, die Pflanzen, Tiere und den Menschen. Als er sah, dass alles gut war, ruhte er am 7. Tag. Er segnete den Sabbattag und heiligte ihn. Bis heute ist der Sabbat der 7. Tag der jüdischen Woche. Beginnend am Freitagabend bis zum Sonnenuntergang am Samstag.
Am Berg Sinai bekräftigte Jahwe durch dieses 3. Gebot den geheiligten Ruhetag. Die Israeliten sollten sich dabei an zwei wichtige Grundlagen erinnern:
1. Jahwe hat den Menschen in die Welt gestellt. In eine Welt, die mit allem Lebensnotwendigen ausgestattet ist. Das Wort „Schabbat“ bedeutet ursprünglich „mit der Arbeit aufhören“. Die Israeliten sollten also am Sabbat ausnahmslos die Arbeit niederlegen. Dabei gilt dieses Gebot für jeden, für den Sohn, die Tochter und auch für die Magd oder den Sklaven, sogar für das Vieh oder den Fremden in der Stadt. Damit erhält die gesamte Schöpfung gemeinsam das Recht auf Erholung. Jahwe schenkt allem Leben einen Tag zum Kraftschöpfen.
2. Das Niederlegen der Arbeit bedeutet gleichzeitig aber auch eine Erinnerung an die geschenkte Freiheit aus der Sklaverei. Es ist damit ein Bekenntnis zu Jahwe, dem Herrn über alles, also auch über Arbeit und Ruhe. Es zeigt den Menschen, dass an einem Tag die Freiheit des Menschen über der Arbeit steht. Verbunden mit dieser Erinnerung ist der Dank an Jahwe, den man mit Gebet und Gottesdienst zum Ausdruck bringt.
Im Jahre 321 n. Chr. erklärte Kaiser Konstantin den Sonntag zum gesetzlichen Ruhetag, in Erinnerung an die Auferstehung Jesu. Dieser gesetzliche Ruhetag hat sich bis heute gehalten.

- ▶ **Welche Bedeutung hat der Sabbat für die Israeliten?**
- ▶ **Was bedeutet „Halte ihn heilig“?**
- ▶ **Zum Schöpfungswerk Gottes gehört auch die Ruhe. Erkläre.**
- ▶ **Am Sabbat sind alle Menschen gleich und frei. Begründe.**

B

Ein Sonntag bei Klaus
Sonntag, 11:53 Uhr: Das Telefon klingelt. Klaus wälzt sich in seinem Bett herum und nimmt verschlafen den Hörer ab: „Ja, hallo?“, mehr bekommt er nicht heraus. Am anderen Ende der Leitung ist seine Mutter. „Kommst du heute zum Mittagessen? Ich habe gekocht. Um 13:00 Uhr wollen wir essen.“
„Nein, danke, lieber nächsten Sonntag“, brummt Klaus und legt genervt den Hörer auf.
Später sitzt er total zerknittert am Küchentisch vor einer dampfenden Tasse Kaffee. Dabei geht ihm der gestrige Abend durch den Kopf: Party, trinken, tanzen, spät nach Hause; jetzt:
Kopfschmerzen, Müdigkeit, Kater. Er muss das Auto noch abholen, das er an der Disco hat stehen lassen. Das ist lästig genug, da soll ihn seine Mutter nur in Ruhe lassen. Als er abends ins Bett geht, hat er die meiste Zeit des Sonntags verschlafen und verdöst. „Wieder so ein blöder Sonntag“, denkt er, als er den Wecker für den nächsten Morgen stellt.

- ▶ **Wie verlebt Klaus den Sonntag? Welche Bedeutung hat er für ihn?**
- ▶ **Hältst du eine solche Gestaltung des Sonntags für richtig?**
- ▶ **Welche Unterschiede und Gemeinsamkeiten gibt es zwischen Sabbat und Sonntag? Trage in eine Tabelle ein.**

C

Sonntag vor 40 Jahren	Sonntag heute
Glockengeläut am Morgen	______________________
Gemeinsames Frühstück	______________________
Sonntagskleidung	______________________
Gottesdienst	______________________
Ruhe auf Straßen und Plätzen	______________________
Frühschoppen für den Mann	______________________
Essen kochen für die Frau	______________________
Gemeinsames Mittagessen	______________________
Spaziergang	______________________
Unterhaltung	______________________
Gemeinsame Spiele	______________________

- ▶ **Fülle die Spalte „Sonntag heute“ aus.**
- ▶ **Wie verlief der typische Sonntag 1960? Befrage dazu deine Großeltern.**
- ▶ **Gibt es heute auch noch den typischen Sonntagsverlauf? Begründe.**
- ▶ **Berichte, wie du einen normalen Sonntag verbringst.**

D

Was ist der Sonntag heute?

Sonntag = Tag des langen Schlafens
Tag des Autos
Tag der Schwarzarbeit
Tag der Bierleichen
Tag des Fernsehens
Tag der Langeweile

- ▶ **Äußere dich zu der Auflistung.**
- ▶ **Wie bewertest du die angegebenen Tätigkeiten?**
- ▶ **Ist der Sonntag heute wirklich so negativ?**
- ▶ **Was sind für dich sinnvolle Tätigkeiten am Sonntag, was für deine Eltern? Erstelle eine Liste.**

E

Anzahl der Teilnehmer an ev. Gottesdiensten (Westdeutschland)

Jahr	Gesamt-Kirchenmitglieder	Gottesdienst-besucher	in %
1980	26 104 076	1 058 482	5,0
1985	25 106 305	977 687	4,7
1990	25 155 676	902 295	4,3
1995	23 652 887	839 744	4,2
2000	22 845 755	791 783	4,2
2003	22 313 650	702 208	3,8

Auch in der katholischen Kirche ist die Zahl der Gottesdienstbesucher gesunken, von 48 % im Jahr 1960 auf 16 % im Jahr 2002.

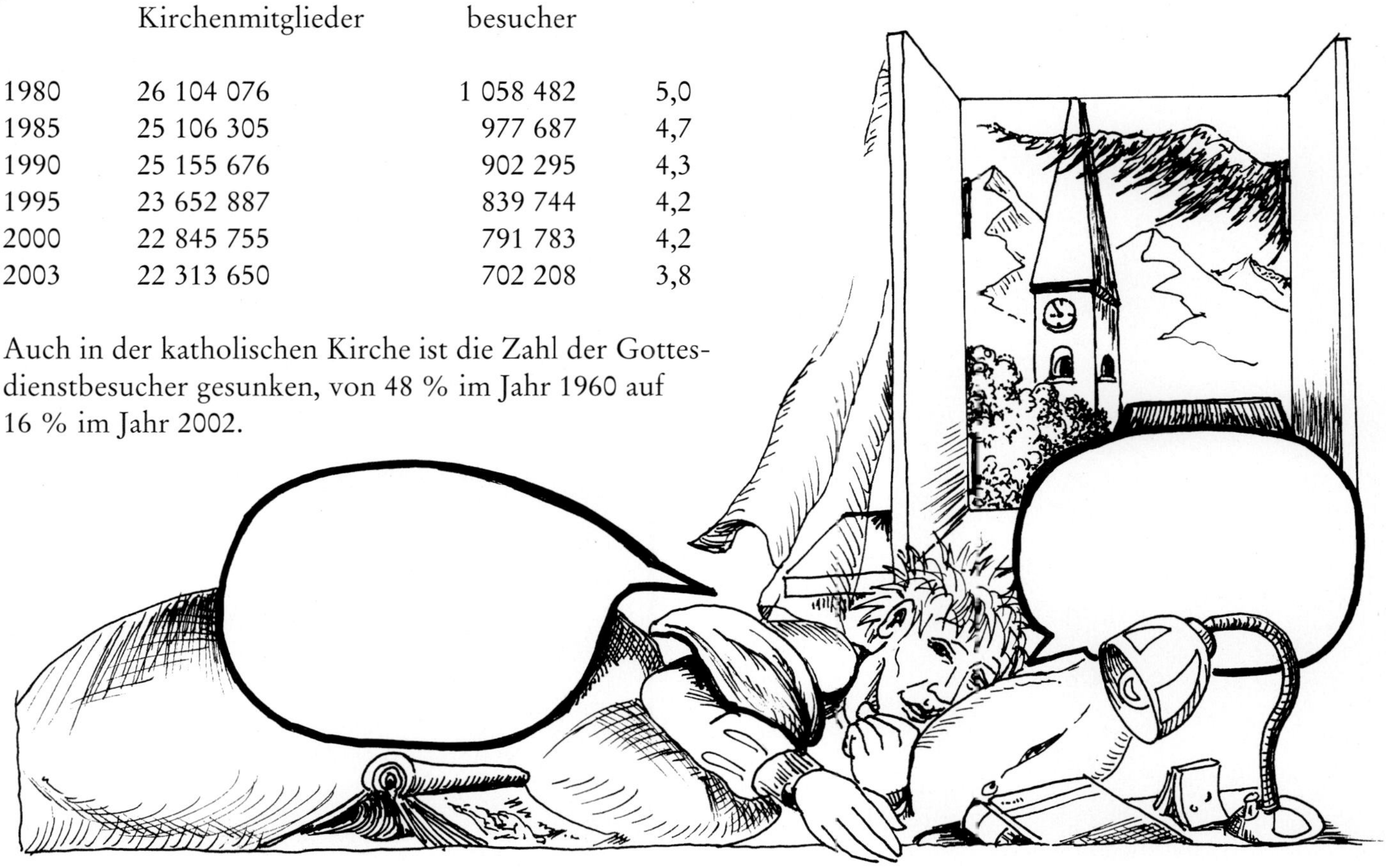

- **Notiere in die Sprechblasen Gründe, weshalb Menschen am Sonntag nicht mehr zum Gottesdienst gehen.**
- **Was sind deine Gründe, warum du in die Kirche gehst oder nicht?**

F

Bei einer Befragung wurden folgende Gründe gegen den Sonntagsgottesdienst aufgeführt:
- Der Gottesdienst ist immer zu einer ungünstigen Zeit.
- Der Gottesdienst läuft immer gleich ab.
- Die Predigt des Pfarrers ist langweilig und unverständlich.
- Bei jeder Messe wird gebettelt.
- Im Gottesdienst gibt es nichts Modernes.
- Ich kann mich in den Gottesdienst kaum einbringen.
- Wenn ich gehe, lachen mich montags die Mitschüler aus.

- **Erläutere die Aussagen zum Sonntagsgottesdienst.**
- **Findest du, dass die Argumente zutreffen?**
- **Ergänze die Liste.**
- **Die vielen negativen Aussagen kann man natürlich auch umkehren. Überlege, wie der Sonntag für dich wieder mehr zum Tag des Herrn werden könnte:**

Wenn ..., dann würde ich auch zum Sonntagsgottesdienst gehen.

▶ **Welche Erwartung haben die Israeliten an ihre Flucht?**
Schreibe deine Vermutungen in die Sprechblasen.

Die Plagen

Die in der Bibel beschriebenen Plagen sind Naturkatastrophen, wie sie in Ägypten jederzeit vorkommen können, die auch von ihrer Abfolge her logisch erklärbar sind. Bedingt durch starken Regen oder Unwetter am Oberlauf des Nils kommt es durch Sinkstoffe aus rotem Ton und Vermehrung von roten Algen zu einer Rotfärbung des Wassers, das Blut sehr ähnlich sieht. In diesem Wasser können Fische nur schwer überleben, es kommt zu einem Fischsterben. Durch die verwesenden Fische werden Frösche aus ihren Flussgebieten vertrieben und suchen Zuflucht bei den Menschen. Sie werden zu einer richtigen Plage, ähnlich wie die Stechmücken. Beide sind in so großer Anzahl vorhanden, dass sie durch sämtliche Ritzen und Löcher in Häuser eindringen und durch nichts aufzuhalten sind. Viehpest und Blattern sind Seuchen, die jederzeit Tiere, aber auch Menschen befallen können und die sich bei extremen Bedingungen (Fliegenplage) rasch ausbreiten und die durchaus bei anfälligen Menschen wie Kleinstkindern zum Tode führen können. Heuschreckeneinfälle in ganze Landstriche bedeuten, dass in kürzester Zeit die gesamte Ernte abgefressen wird. Hagelkörner, die mit Wucht niedergehen, zerstören die Ähren des Getreides. Schließlich lässt sich auch die Finsternis am Tage erklären, die durch einen ungeheueren Sandsturm hervorgerufen werden kann.

▶ **Welche Plagen kommen über die Ägypter?**
Vergleiche mit den Überschriften von Ex 7,14–12,29.

A

Der 12-jährige Elim berichtet über den Weg der Israeliten, nachdem sie Ägypten verlassen haben:
Hallo, ich heiße Elim und bin seit einigen Tagen mit meinen Eltern und unserer Sippe auf dem Weg durch die Wüste, dahin, wo Mose uns im Namen Jahwes führt.
Die Wüste, durch die wir mit unseren Herden ziehen, heißt die Wüste Schur. Wir sind jetzt schon den dritten Tag gewandert, ohne eine Wasserstelle zu finden. In den langen Schläuchen aus Ziegenhaut ist kaum noch Wasser vorhanden, obwohl wir sehr sparsam waren. Auch die Nahrungsvorräte gehen langsam zu Ende und wir alle haben Durst, auch unsere Tiere. Die Landschaft besteht hauptsächlich aus Sand. Bei jedem Schritt sinkt man etwas ein. Dadurch wird man auch schneller müde.
Mein Vater sagt, dass wir ungefähr 20 Kilometer am Tag schaffen. Wir ziehen vorbei an dürren Sträuchern. Dass hier noch Sträucher wachsen können, bedeutet, dass im Boden Wasser vorhanden sein muss. Aber die Sträucher sind ganz krumm gewachsen und die Blätter verdorrt. Sie sind kein Futter für unsere Tiere, obwohl sie schon versuchen an den dürren Ästen zu knabbern.
Wir gehen auf keinem ausgetretenen Karavanenweg, sondern eher auf einem uralten Trampelpfad, der in die Berge führt. Mein Vater hat erzählt, dass auf diesem Weg Arbeiter und Sklaven in die Berge geführt wurden, um dort für den Pharao Kupfer und Türkis zu schürfen und es nach Ägypten zu bringen. Aber heute begegnet uns kein Mensch.
Noch sind wir alle guten Mutes, obwohl die ersten schon meckern und sich nach Goschen zurücksehnen. Dort erwartet uns zwar harte Arbeit, aber dafür auch Essen und Trinken. Ich verstehe nicht, wieso diese Menschen nicht Mose vertrauen und an Jahwe glauben, der uns doch aus Ägypten errettet hat und auch jetzt weiterhelfen wird.

Gegen Abend erreichen wir endlich eine Wasserstelle. Als die Tiere nur zögernd an das Wasser herangehen, werden wir stutzig. Das Wasser ist salzig, bitter und schwefelig, also kaum trinkbar. Unsere Freude schlägt in herbe Enttäuschung um. Trotzdem werden wir hier die Nacht verbringen und morgen früh weiterziehen. Auch mein Vater beginnt zu murren, bis der Sippenälteste Samuel das Wort ergreift und uns an die Sklavenarbeit in Ägypten erinnert, an die Entbehrungen und Schläge. Er sagt uns auch, dass wir Jahwe vertrauen müssen, dass er uns nicht im Stich lässt. Es muss hier Wasserstellen geben, sonst hätten die Arbeiter nie die Berge erreichen können. Da werden wir wieder alle zuversichtlich.
Und Samuel behält Recht. Schon am frühen Nachmittag des nächsten Tages sehen wir am Horizont Bäume und spüren trotz der Hitze so etwas wie frische Luft. Das Vieh beginnt ohne angetrieben zu werden schneller zu gehen. Am Abend erreichen wir das Paradies: Unsere erste richtige Raststätte. Ich kann über 70 Palmen zählen und es gibt mehrere klare Wasserquellen. Wenn ich in die Gesichter der Frauen und Männer blicke, sehe ich nur Lachen und Stolz es bis hierher geschafft zu haben.

▶ **Schreibe mit einem Partner einen Dialog zu der Szene in der rechten Spalte auf. Der Dialog könnte z. B. so beginnen:**

Aaron: Endlich! Wasser! ... aber was ist das? Wieso wollen unsere Tiere nicht trinken?

B

Verfolgen wir den Weg der Israeliten durch die Wüste anhand der Aufzeichnungen im Buch Exodus:

Ex 12,37	Die Israeliten brachen von Ramses nach Sukkot auf.
Ex 13,17	Als der Pharao das Volk ziehen ließ, führte sie Gott nicht den Weg ins Philis-Land, obwohl er der kürzere war.
Ex 13,18	So ließ sie Gott einen Umweg machen, der durch die Wüste zum Schilfmeer führte.
Ex 13,20	Sie brachen von Sukkot auf und schlugen ihr Lager in Etam, am Rande der Wüste auf.
Ex 15,22	Mose ließ Israel vom Schilfmeer aufbrechen und sie zogen zur Wüste Schur weiter.
Ex 15,23	Als sie nach Mara kamen, konnten sie das Wasser von Mara nicht trinken, weil es bitter war.
Ex 15,27	Dann kamen sie nach Elim, dort gab es 12 Quellen und 70 Palmen.
Ex 16,1	Die ganze Gemeinde der Israeliten brach von Elim auf und kam in die Wüste Sin, die zwischen Elim und dem Sinai liegt.
Ex 17,1	Die ganze Gemeinde der Israeliten zog von der Wüste Sin weiter, von einem Rastplatz zum anderen, wie es der Herr jeweils bestimmte. In Refidim schlugen sie ihr Lager auf.
Ex 19,2	Sie waren von Refidim aufgebrochen und kamen in die Wüste Sinai. Sie schlugen in der Wüste das Lager auf. Dort lagerte Israel gegenüber dem Berg.

- **Welchen Weg gehen die Israeliten nach ihrem Auszug aus Ägypten? Unterstreiche die Stationen im Text.**
- **Welche Teile aus der Erzählung von Elim (A) findest du in den Bibelstellen wieder?**
- **Trage die „Reiseroute" in die Karte ein und male sie farbig aus.**

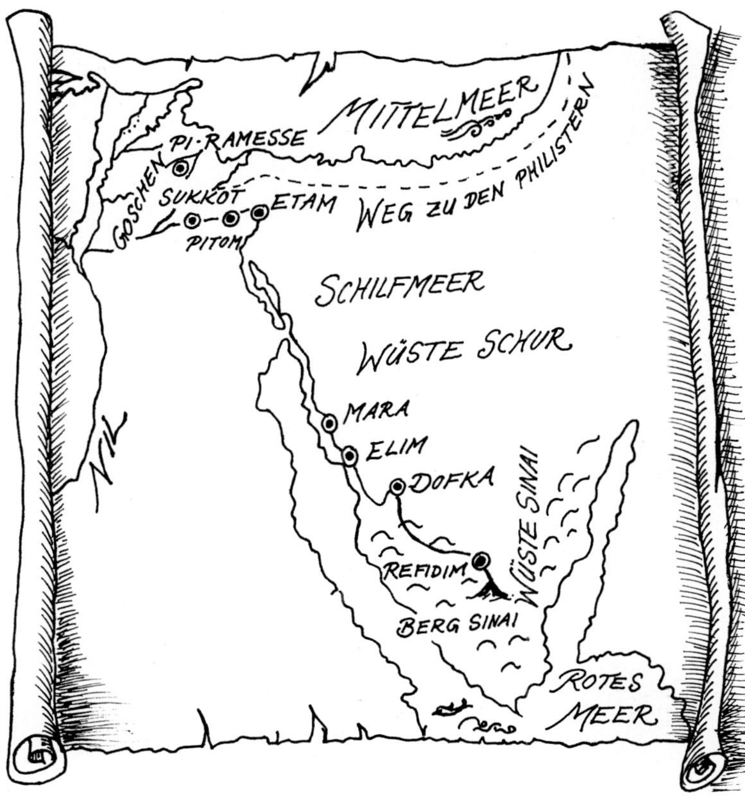

C

Der Weg durch die Wüste verläuft für die Israeliten keineswegs ohne Probleme, Sorgen und Streit. Hiervon berichtet die Bibel an folgenden Stellen:

Ex 16,2–4 Die ganze Gemeinde der Israeliten murrte in der Wüste gegen Mose und Aaron[1]. Die Israeliten sagten zu ihnen: Wären wir doch in Ägypten durch die Hand des Herrn gestorben, als wir an den Fleischtöpfen saßen und Brot genug zu essen hatten. Ihr habt uns nur deshalb in diese Wüste geführt, um alle, die hier versammelt sind, an Hunger sterben zu lassen. Da sprach der Herr zu Mose: „Ich will euch Brot vom Himmel regnen lassen. Das Volk soll hinausgehen, um seinen täglichen Bedarf zu sammeln."

Ex 16,12 „Ich habe das Murren der Israeliten gehört. Sag ihnen, am Abend werdet ihr Fleisch zu essen haben, am Morgen werdet ihr satt sein von Brot und ihr werdet erkennen, dass ich der Herr euer Gott bin."

Ex 16,13 Am Abend kamen die Wachteln und bedeckten das Lager. Am Morgen lag eine Schicht von Tau rings um das Lager.

Ex 16,14 Als sich die Tauschicht gehoben hatte, lag auf dem Wüstenboden etwas Feines, Knuspriges, fein wie Reif, auf der Erde.

Ex 17,2 Weil das Volk kein Wasser zu trinken hatte, geriet es mit Mose in Streit und sagte: Gebt uns Wasser zu trinken, dass wir trinken.

Ex 17,5 Der Herr antwortete Mose: „Geh am Volk vorbei und nimm einige der Ältesten Israels und nimm deinen Stab in die Hand.

Ex 17,6 Dann schlag an den Felsen! Es wird Wasser herauskommen und das Volk kann trinken." Das tat Mose vor den Augen der Ältesten Israels.

- ▶ **Welche Sorgen haben die Israeliten in Ex 16, welche in Ex 17?**
- ▶ **Wem geben sie die Schuld an ihren Problemen?**
- ▶ **Wie reagiert Mose und wodurch erhält er Hilfe?**
  Wie sieht die Hilfe aus?
- ▶ **Fülle folgende Tabelle aus:**

Probleme der Israeliten	Reaktion von Mose	Was geschieht?

- ▶ **Was wird den Israeliten durch diese Erfahrungen deutlich?**
- ▶ **Verknüpfe diese Erlebnisse mit dem Namen Jahwes „Ich bin da".**

[1] Aaron ist der ältere Bruder von Mose.

D

Stell dir vor, du sitzt in einem kleinen Flugzeug, überquerst die Wüste Sinai und blickst von oben auf diese Landschaft. Schließe die Augen und lasse die folgende Beschreibung auf dich wirken:

Ich sehe eine Wüstenlandschaft aus Sand und Stein mit riesigen Ausmaßen, ungefähr 200 Kilometer breit und bis zur Südspitze ca. 380 Kilometer lang. Der breitere nördliche Teil besteht aus öden, trostlosen Ebenen und Hügeln. Hellbraune sandfarbige Flächen abgelöst von – mit kahlen Steinbrocken übersäten – Hügeln. Kleinere Berge markieren den Weg, auf dem seit Jahrhunderten die Karavanen ziehen. Minutenlang immer das gleiche Bild. Je weiter man südwärts kommt, desto gebirgiger wird die Landschaft, bis sie schließlich von steilen, zerklüfteten und majestätischen Bergen beherrscht wird. Wände aus rosarotem und malvefarbigem Granit recken steil ihre Gipfel zum blauen Himmel. Dazwischen leuchten Hänge und Schluchten in blassem Bernstein oder in Schwefelrot. Die Gebirgsmassive erreichen eine Höhe von bis zu 2 637 Metern. Auch der Berg Sinai bietet mit 2 285 Metern ein imposantes Bild. Schaut man Richtung Gipfel, erkennt man einen Trampelpfad in Richtung Bergspitze. Man sieht eine schmale Plattform, wo heute noch ein mit Mauern umgebenes Kloster steht, das 357 n. Chr. gegründet wurde und den vereinzelt auf dem Sinai lebenden Mönchen und Eremiten Schutz bieten sollte. Hier soll sich auch die Höhle befinden, in der sich Mose während seiner Zeit auf dem Berg aufgehalten haben soll. Tiere leben kaum in dieser Wüstenlandschaft. Außer wenigen Gazellen und Steinböcken gibt es Füchse, Hyänen, Wölfe, Gänsegeier und Raben. Zweimal im Jahr durchqueren Zugvögel in riesiger Anzahl die Wüste. Am Fuß des Sinaimassivs erblickt man inmitten des Rötlich-Gelblich-Braunen eine kleine grüne Fläche. Umringt von bunten Felsenriesen liegt dort eine Oase, die Einzige im Süden des Gebirgsmassivs. Ein Palmenwäldchen spendet wohltuenden Schatten und grüne Flächen laden zum Rasten ein. Man kann sich gut vorstellen, dass sich hier die Israeliten nach dem anstrengenden Marsch durch die trockene, steinige und sandige Wüste gerne niedergelassen haben, um einige Zeit an diesem Ort zu bleiben und sich zu erholen.

- **Berichte über deine inneren Bilder über die Wüste Sinai.**
- **Zeichne ein Bild dieser Wüste mit dem Berg Sinai und der Oase.**
- **Suche Bilder der Wüste Sinai in Büchern oder im Internet. Vergleiche sie mit deiner Zeichnung.**
- **Welche Bedeutung haben Oasen für Wüstenwanderer?**
- **Kannst du erklären, woher die Wachteln (Ex 16,13; vgl. C) kamen?**

A

Auszug aus Elims Tagebuch:
Heute ist etwas ganz Sonderbares passiert. Wir lagerten am Fuß des Berges Sinai. Nach dem langen und beschwerlichen Wüstenmarsch waren wir alle froh, einen geeigneten Platz zum Erholen und Ausruhen gefunden zu haben. Während wir unser Lager einrichteten, ist Mose, unser Anführer, alleine den Berg hinaufgestiegen. Ich habe es genau beobachtet und konnte ihn noch lange sehen, bis Felsspalten den Blick auf den uralten Gipfelweg versperrten. Jeder von uns hatte mit sich und seiner Familie zu tun, sodass es gar nicht auffiel, dass Mose lange auf dem Berg blieb.
Erst gegen Abend kehrte er zurück. Er wirkte keineswegs müde, sondern eher frisch und froh, so als hätte er etwas Schönes erlebt. Die Ältesten des Volkes wurden zusammengerufen und versammelten sich in der Mitte des riesigen Lagers. Alle anderen Israeliten hielten ehrfürchtig Abstand. Auch ich traute mich nicht näher, um zu lauschen, obwohl ich ziemlich neugierig war. Mehrfach schien es, als würden unsere Ältesten gemeinsam Worte sagen.
Später, als Samuel zurückkam, versammelte er seine Großfamilie um sich. Die anderen Ältesten machten es genauso. Gespannt und voller Erwartung lauschten wir den Worten unseres Ältesten: „Jahwe hat zu Mose gesprochen“, begann er feierlich, „Jahwe, der uns aus Ägypten geführt und sicher hierher geleitet hat. Er bietet uns, den Israeliten, einen Bund an. Wir sollen sein auserwähltes Volk werden, das Volk, das ihm besonders nahe steht. Von allen Völkern der Erde sollen wir sein besonderes Eigentum werden. Stimmen wir zu, sollen wir uns auf den Tag, an dem wir den Bund mit Jahwe schließen werden, vorbereiten. Wir sollen unsere Kleider waschen und uns am dritten Tag am Fuß des Berges bereithalten. Hier sollen wir auf Jahwe und seine Ankunft warten, dürfen aber den Berg auf keinen Fall betreten.“

Damit schloss Samuel seine Ansprache. Alle Männer murmelten Zustimmung zu dem Angebot Jahwes und Samuel ergänzte noch, dass alle Ältesten froh und stolz für den Bundesschluss gestimmt hätten. Erleichtert und zufrieden gingen wir anschließend in unsere Zelte zurück Die Anstrengungen der letzten Tage waren wie weggeblasen.
Jetzt bin ich richtig gespannt!

- ▶ **Worüber berichtet Elim?**
- ▶ **Einen Bund abschließen bedeutet Nehmen und Geben. Was wird von den Israeliten erwartet? Was erhalten sie als Gegenleistung?**
- ▶ **Stell dir vor, du sitzt am Vorabend des Bundesschlusses mit deiner Familie um ein Lagerfeuer. Schreibe eure Unterhaltung auf.**
- ▶ **Was glaubst du? Wie wurde der Bund mit Jahwe abgeschlossen? Zeichne dazu ein Bild: So könnte es gewesen sein.**

B

Aus dem Tagebuch von Elim, zwei Tage später:
Der Bund mit Jahwe ist geschlossen. Es ist aber ganz anders geschehen, als ich es mir gedacht und ausgemalt habe.
Die Nacht vor dem entscheidenden Tag konnte ich, wie viele andere Israeliten, nur sehr unruhig schlafen. Immer wieder wurde ich wach und wälzte mich auf meiner Decke. Durch einen Zeltspalt konnte ich sehen, wie Samuel am niedergebrannten Feuer saß, bestimmt betete er zu Jahwe.

Im Morgengrauen zog urplötzlich ein schweres Gewitter auf. Eine riesige dunkle Wolke legte sich über den Sinai. Obwohl es Tag werden sollte, hellte es kaum auf. Gewaltige Donnerschläge erfüllten das Tal und breiteten sich wie im Echo weiter fort. Der durchdringende Donnerhall schien die Erde erbeben zu lassen. Grelle Blitze zuckten hernieder und brachten für Sekunden gespenstisches Licht. Noch nie hatte ich ein solches Wetter erlebt. Am Liebsten wäre ich vor lauter Angst in unser Zelt zurückgekrochen. Auch vielen erwachsenen Israeliten war das Donnern und Blitzen nicht geheuer, wie man an ihren erschreckten Gesichtern sehen konnte.
Mitten in dieses Tosen und Blitzen ließ Mose sein mächtiges Hornsignal erklingen: das Zeichen zum Aufbruch. „Jahwe kommt zu uns, seid ohne Furcht. Begleitet von Blitz, Donner und Erdbeben", ließ Samuel unser Ältester verkünden. „Machen wir uns auf den Weg." Furchtlos und zielsicher führte uns Mose zum Fuß des Sinai. Hier gebot er Halt. Gehorsam und ehrfürchtig sammelten wir uns am Fuß des heiligen Berges. Von dem Gipfel war nichts zu sehen, nur wenige Meter Höhe wurden von dem Dunst und Rauch freigegeben.
Wie schon vor drei Tagen, ging Mose auf dem steilen Gipfelpfad weiter. Nach wenigen Augenblicken war er im Rauch und Nebel verschwunden. Keiner von uns kam auf den Gedanken, Mose zu folgen. Wir alle erinnerten uns an des Gebot Jahwes, den Berg nicht zu betreten. Von Zeit zu Zeit donnerte und blitzte es immer wieder heftigst und es schien, als ob Jahwe mit Mose durch den Donner sprechen würde. Wir alle standen wie erstarrt und fürchteten uns vor der Allmacht Jahwes, der uns durch Blitz, Feuer und Rauch seine Gegenwart offenbarte. Jedem von uns war bewusst, dass wir uns hier an einem heiligen Ort befanden.
„Hoffentlich kommt Mose bald zurück", dachte ich. „Was wird uns dieser Tag noch bringen?"

- **Erzähle, wie du dich bei einem starken Gewitter fühlst.**
- **Welche Bedeutung hat das Gewitter für die Israeliten?**

C

Dieses Bild zeigt eine Szene, die in dem Bericht Elims wieder zu finden ist.

- **Finde eine Überschrift.**
- **Male das Bild farbig aus. Schreibe in die Sprechblasen, was die Menschen wohl sagen oder denken könnten.**
- **Wie offenbart sich Jahwe dem Volk Israel? Unterstreiche diese Stellen in B.**
- **An welchen Stellen zeigt sich die Gottesfurcht der Israeliten?**
- **Was meinst du: Worauf hoffen die Israeliten?**

B

Jahwe hat seinem Volk gezeigt, welches Ziel, welche Richtung und welchen Sinn ihr Leben haben soll. Die Israeliten erhalten so eine Orientierung für ihr Verhalten Gott gegenüber und untereinander. Um dies noch deutlicher zu machen, gab Mose den Israeliten (im Auftrag Jahwes) neben den zehn Geboten noch viele Rechtsvorschriften, die vor allem Einzelfälle und Probleme des täglichen Lebens regelten. Die folgenden Beispiele (aus Ex 21–23) sollen dies deutlich machen:

Wer einen Menschen so schlägt, dass er stirbt, wird mit dem Tod bestraft.

Wer seinem Sklaven ein Auge ausschlägt, soll ihn dafür freilassen.

Einen Fremden sollst du nicht ausbeuten.

Du sollst dich nicht der Mehrheit anschließen, wenn sie im Unrecht ist.

Wer ein Tier stielt, soll 5-fachen Satz leisten.

Wer einen Menschen raubt, wird mit dem Tod bestraft.

Wenn jemand einen Brunnen gräbt, ohne ihn abzudecken und ein Tier fällt hinein, muss man Ersatz geben.

Wer seinen Vater oder seine Mutter schlägt, wird mit dem Tod bestraft.

Wenn ein Rind einen Menschen stößt, so dass er stirbt, wird das Tier gesteinigt und das Fleisch darf nicht gegessen werden.

Wenn du dem verirrten Vieh deines Feindes begegnest, bringe ihm das Tier zurück.

▶ **Erläutere die Vorschriften mit deinen Worten.**

▶ **Sind davon noch heute welche gültig?**

▶ **Bist du mit allen Vorschriften einverstanden?**

Solche Vorschriften waren im orientalischen Raum der damaligen Zeit nichts Ungewöhnliches.
Bereits Hammurabi, König von Babylon (ca. 1 700 v. Chr.), legte 282 Vorschriften fest, u. A.:

- Wenn ein Mensch Raub begangen hat, so wird dieser Mensch getötet.
- Wer das Auge eines Knechtes zerstört, zahlt die Hälfte des Kaufpreises.
- Wenn ein Bürger die Tochter eines Untergebenen schlägt und diese stirbt, so zahlt er eine halbe Mine Silber; schlägt er aber eine Bürgerstochter, so töte man seine eigene Tochter.

▶ **Vergleiche diese Gesetze mit den Rechtsvorschriften des Mose. Was sind Gemeinsamkeiten und was sind Unterschiede?**

▶ **Was ist das Besondere an den 10 Geboten?**

C

Rätsel zu den 10 Geboten

				1	Z	E	H	N			
	2	M	O	S	E						
		3	J	A	H	W	E				
4	S	T	E	I	N	T	A	F	E	L	N
				5	G	O	E	T	T	E	R
6	B	I	L	D	E	R					
		7	S	A	B	B	A	T			
			8	T	O	E	T	E	N		
	9	A	C	H	T						
		10	S	T	E	H	L	E	N		

(1) Wie viele Gebote gibt es insgesamt?

(2) Wer erhielt die Gebote zuerst von Gott?

(3) Gibt es noch einen anderen Namen für Gott?

(4) Die Gebote sind auf zwei … aufgeschrieben.

(5) Im ersten Gebot steht, dass die Menschen keine anderen … neben Jahwe haben sollen.

(6) Das zweite Gebot besagt, dass Jahwe nicht durch … dargestellt werden darf.

(7) Das dritte Gebot sagt: Heilige den …

(8) „Du sollst nicht … !“, steht im fünften Gebot.

(9) In welchem Gebot steht, dass man nicht etwas Falsches über einen Anderen sagen soll?

(10) Laut dem siebten Gebot, darf man nicht …

Lösungswort: __ __ __ __ __ __ __ __ __ __

A

Elim berichtet:

Wir sind alle froh und erleichtert, dass Mose vom Berg Sinai wieder in unserer Mitte ist. Inzwischen hatte auch das Gewitter aufgehört, die dunklen Wolken hatten sich verzogen und der blaue Himmel strahlte über uns. Mose versammelte unsere Ältesten um sich und verkündigte mit ruhigen Worten, was Jahwe ihm aufgetragen hatte: Die zehn Worte Jahwes. Alle Israeliten sind bereit diese anzuerkennen. Was Jahwe gesagt hat, wollen wir tun, so ist die einhellige Antwort auf die Frage nach dem Bund.

Diese Zustimmung wurde dann einen Tag später durch ein besonderes Opferfest förmlich besiegelt. Bereits seit dem frühen Morgen hatten Mose und viele Helfer am Fuß des Berges einen Altar errichtet. Um den Altar herum wurden 12 Malsteine gelegt für die 12 Stämme unseres Volkes. Mose hatte junge Männer beauftragt, geeignete Tiere für das Opfer auszusuchen.

Dann versammelte sich das ganze Volk in einem großen Bogen um den Altar. Man konnte genau erkennen, dass das ganze Volk als Gemeinschaft einbezogen wurde. Die Zeremonie begann. Zuerst wurden Brandopfer zu Ehren Jahwes angezündet. Der Rauch stieg langsam und klar zum Himmel empor, ein gutes Zeichen, dass Jawhe das Opfer auch annehmen würde. Wir Israeliten zeigten ihm damit unsere volle Hingabe. Einige Männer schlachteten nach genau vorgeschriebener Weise junge Stiere, die als Heilsopfer ausgesucht waren. Das Blut der Tiere wurde aufgefangen. Eine Hälfte sammelte Mose in einem großen Behälter, mit der anderen Hälfte besprengte er den Altar. Dann verlas er mit klaren Worten nochmals die Gebote und Anweisungen Jahwes und fragte zum Schluss, ob das Volk der Israeliten diese Gebote annähmen. Die klare und einstimmige Antwort des Volkes lautete: „Alles, was der Herr gesagt hat, wollen wir tun; wir gehorchen unserem Gott!" Danach nahm Mose den Behälter mit Blut und besprengte damit das versammelte Volk.

Wir alle wussten in diesem Moment: Mit dem Blut auf dem Altar, unserem Ja-Wort zu Jahwe und dem Blut auf uns selbst ist der Bund mit Jahwe besiegelt und ab jetzt für beide Seiten bindend. Wir werden mit unserem Blut für die Einhaltung dieses Bundes eintreten.

Nach dieser Zeremonie wurde ein großes Festessen in jedem der 12 Stämme durchgeführt. Mose stieg mit den Ältesten des Volkes ein Stück den Sinai hinauf, um dort unter der Gegenwart Jahwes das Festmahl zu begehen, als Zeichen der Gemeinschaft mit Jahwe. Später kehrten die Ältesten zurück und berichteten, dass Jahwe Mose wieder zu sich auf den Berg gerufen habe. Wir alle konnten es sehen, der Berggipfel lag wieder unter dichten dunklen Wolken. So ging für uns Israeliten ein guter Tag zu Ende und wir alle waren froh und erleichtert.

- **Fasse die Geschehnisse mit eigenen Worten zusammen.**
- **Welche Bedeutung haben die 12 Malsteine?**
- **Erkläre den Sinn des Brandopfers und des Blutopfers.**
- **Warum wurde der Altar und das Volk mit Blut besprengt?**
- **Warum sind die Israeliten nach diesem Tag erleichtert?**
- **Wir benutzen heute zum Besprengen nicht mehr Blut, sondern Weihwasser. Informiere dich und erkläre dessen Sinn.**

A

Die Israeliten haben durch Mose den Auftrag Jahwes erhalten ein besonderes Zelt zu errichten, als sichtbares Zeichen für jeden Israeliten, dass sie sein Volk sind und er immer unter ihnen wohnt.
Das Zelt Jahwes, in der Bibel „Offenbarungszelt“ oder „Stiftshütte“ genannt, besteht aus einer komplizierten Zeltkonstruktion mit zwei Räumen, die im Falle eines Weiterzuges mittransportiert werden konnte.
Den größeren Raum bezeichnet man als „Heiliger Raum“, den kleineren als „Heiligster Raum“.

Folgende Baumaterialien wurden benötigt:
Hölzerne Bretter und Stangen aus Akazienholz; Vorhänge aus Leinen; Gewebe aus Ziegenhaar; wetterfeste Häute aus rot gefärbten Widderhaar; feines Leder; Silber und Goldschmuck; Verzierungen

Bauanleitung:
Man beginnt zunächst mit dem Herstellen eines Grundgerüstes aus Akazienbrettern. Jedes Brett ist ca 10 Ellen lang und anderthalb Ellen breit. Für die beiden Längsseiten werden je 20 Bretter benötigt. Die Bretter werden mit jeweils zwei Zapfen miteinander verbunden und oben wie unten in eine silberne Unterlage gestellt.
Die hintere Querseite besteht aus 5 Brettern die vordere aus 5 Akaziensäulen in kupfernen Sockeln. Verstärkt werden die Ecken durch jeweils 2 Bretter. 5 Querlatten, die Mittleren in der Mitte der Bretter durch goldene Ringe geschoben und so befestigt, geben der Konstruktion Halt. Die Stiftshütte besteht aus zwei Räumen, einem kleinen (Heiligster Raum) und einem großen (Heiliger Raum).
Der kleinere Raum wird durch einen künstlerisch aufbereiteten violetten und roten Purpurvorhang vom großen Raum abgetrennt.
Der Vorhang wird an 4 Akaziensäulen aufgehangen, die ebenfalls auf einem Silbersockel stehen.
Der Zelteingang wird durch einen Pupurvorhang verschlossen. In dem größeren Raum steht ein Opferaltar, ein Tisch und ein Leuchter.
Die Decke des Zeltes besteht aus rötlichen Widderfellen und darüber liegt eine wasserabweisende Decke aus Tierhäuten.

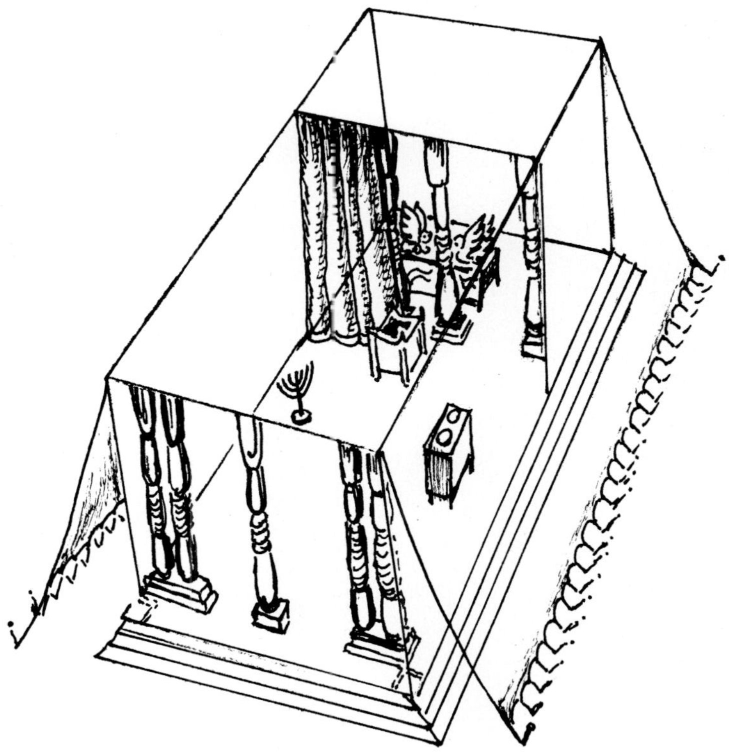

- **Zeichne eine Skizze der Stiftshütte.**
- **Woher bekamen die Israeliten wohl die Baumaterialien?**
- **Warum sollen sie für Jahwe ein Zelt bauen?**
- **Welche Bedeutung haben Opferaltar und Leuchter? Recherchiere.**

B

Im Innersten des Heiligsten Raumes, wird die „Bundeslade“ aufbewahrt.
In **Ex 25,10–22** wird sie wie folgt beschrieben:

Macht eine Lade aus Akazienholz, zweieinhalb Ellen lang, anderthalb Ellen breit und anderthalb Ellen hoch. Überzieht sie innen und außen mit purem Gold und bringt dann ringsherum eine Goldleiste an. Gieß für sie vier Goldringe und befestige sie an ihren vier Füßen, zwei Ringe an der einen Seite und zwei Ringe an der anderen Seite. Fertige Stangen aus Akazienholz an und überziehe sie mit Gold. Steck die Stangen durch die Ringe an den Seiten der Lade, sodass man die Lade damit tragen kann. Verfertige auch eine Deckplatte aus purem Gold. Mache zwei Kerubim aus getriebenem Gold und arbeite sie an den Enden der Deckplatte heraus. Die Kerubim sollen die Gesichter einander zuwenden und ihre Flügel nach oben ausbreiten. In die Lade sollst du die Bundesurkunde legen, die ich dir gebe.

- **Versuche die Lade nach der Beschreibung zu zeichnen.**
- **Welche Funktion hat die Lade?**
- **Warum soll sie ganz mit Gold überzogen werden?**
- **Was sind Kerubim? Tipp: Lies noch einmal die Bibelstelle Gen 3,24.**

A

Elim berichtet:
Wir lagern immer noch am Fuß des Berges Sinai, jetzt schon mehr als 40 Tage. Die letzten Tage waren schlimm. Viele Israeliten sind unzufrieden und murren. Sie warten auf die Rückkehr von Mose, der nach der Bundesschlussfeier wieder auf den Berggipfel gestiegen ist und von dem wir seitdem nichts mehr gehört haben. Ob er überhaupt noch lebt? Ob er in eine Felsspalte gestürzt oder verhungert ist? Ob Jahwe ihn verlassen hat und er Angst hat zurückzukehren? Keiner kann diese Fragen beantworten. Nach ihm zu suchen und den Berg zu besteigen, traut sich ebenfalls niemand, denn Jahwe hatte uns ja mitgeteilt, dass jeder sterben müsse, der sich dem Berggipfel nähert.
Solche Fragen werden immer öfter und immer lauter gestellt, auch die Forderung nach einem neuen Gott. Aaron, der Mose vertritt, wenn dieser nicht da ist, weiß ebenfalls keine Antwort und keinen Rat. Als der Druck immer größer wurde, versammelte er die Ältesten um sich und befahl alle goldenen Ringe und Schmuckstücke zu sammeln und zu ihm zu bringen. Er hatte eine Skizze von einem Bullenkalb angefertigt, schmolz das Gold und den Schmuck und formte aus der flüssigen Masse ein kleines Kalb. Viele Israeliten erinnerten sich, dass gerade das Bullenkalb als Symbol für Kraft und Fruchtbarkeit auch bei den Ägyptern verehrt wurde und waren mit der Arbeit von Aaron sehr zufrieden. Dieser ließ vor dem Bildnis des Bullenkalbgottes einen Altar errichten und kündigte für den nächsten Morgen eine ausgelassene Feier zu Ehren des neuen Gottes an.
Viele Israeliten waren früh aufgestanden und hatten sich für die Feier frisch angezogen und gewaschen. Einige zweifelten, ob dieser Schritt richtig sei, so auch Samuel, der uns davor warnte, uns gegen Jahwe zu versündigen. Aber es half nichts; die Massen waren in Bewegung geraten und ließen sich durch nichts aufhalten. Nachdem Brand- und Heilsopfer dargebracht waren, setzte man sich zu Tisch und begann eine vergnügliche Feier in Saus und Braus. Nach den vielen Entbehrungen der letzten Wochen, nach dem feierlichen Bundesschluss mit Jahwe, wollten sich viele Menschen jetzt so richtig gehen lassen.
Mitten in dieser Feier passierte etwas Unvorstellbares. Zunächst hörten wir alle einen durchdringenden Schrei. Das fröhliche Gelächter verstummte von der einen auf die andere Sekunde. Alle Blicke richteten sich auf den Fußweg zum Berg Sinai. Dort stand Mose mit je einer großen Steintafel unter jedem Arm. Wie ein Racheengel, groß und mächtig, kam er mir in diesem Moment vor. Sein Gesicht wechselte die Farbe und den Ausdruck, von bleich zu rot, von ungläubigem Staunen zu rasendem Zorn. Er ergriff die beiden Tafeln und schleuderte sie nacheinander gegen die Steine des Berges, sodass sie zerschmetterten. Ohne dass sich jemand traute ihn aufzuhalten oder auch nur ihm zu widersprechen, eilte Mose zu dem Kalb, fasste es an und stieß es in das brennende Opferfeuer. Die Israeliten standen wie erstarrt, keiner rührte sich vom Fleck. Der Kalbsgott ließ alles mit sich geschehen. Mose ließ nicht eher ab, bis das Kalb geschmolzen und zu Staub gestampft war. Diesen Staub mischte er in Wasser und gab ihn den Israeliten zu trinken.
Am Abend nahm mich Samuel mit zu der Stelle, wo die zertrümmerten Steintafeln lagen. Sie waren beschrieben und enthielten die Worte, die Jahwe an die Israeliten gerichtet hatte, jetzt zerstört und nicht mehr zu entziffern. Was wird Jahwe wohl mit uns machen? Darauf wusste auch Samuel keine Antwort!

- ▶ **Warum suchen viele Israeliten nach einem neuen Gott?**
- ▶ **Wie wird der neue Gott verehrt?**
- ▶ **Warum entscheidet sich Aaron für ein Bullenkalb?**
- ▶ **Was geschieht auf dem Höhepunkt der Feier?**

II.5 Der Bruch mit Jahwe

B

Jahwe und das goldene Kalb

▶ **Vergleiche und ergänze die Unterschiede.**

Jahwe	**Goldenes Kalb**
unsichtbar	*immer anwesend und zu sehen*

C

Trotzdem verzeiht Jahwe seinem Volk und erneuert mit ihm seinen Bund. Mose erhält zwei neue Steintafeln mit den Geboten, die Einzug in das Zelt halten.

Doch wer den Bund mit Jahwe bricht, verdient Strafe. So wird die Reise der Israeliten in das versprochene Land langwierig, gefahrvoll und beschwerlich.

Insgesamt soll die Wüstenwanderung 40 Jahre gedauert haben.

- ▶ **Welche Strafe erhält das Volk?**
- ▶ **Was ist mit dem Versprechen Jahwes, das Volk in sein Reich zu führen?**
- ▶ **Berichte anhand der Skizze über den weiteren Weg der Israeliten.**
- ▶ **Male die Skizze farbig aus.**

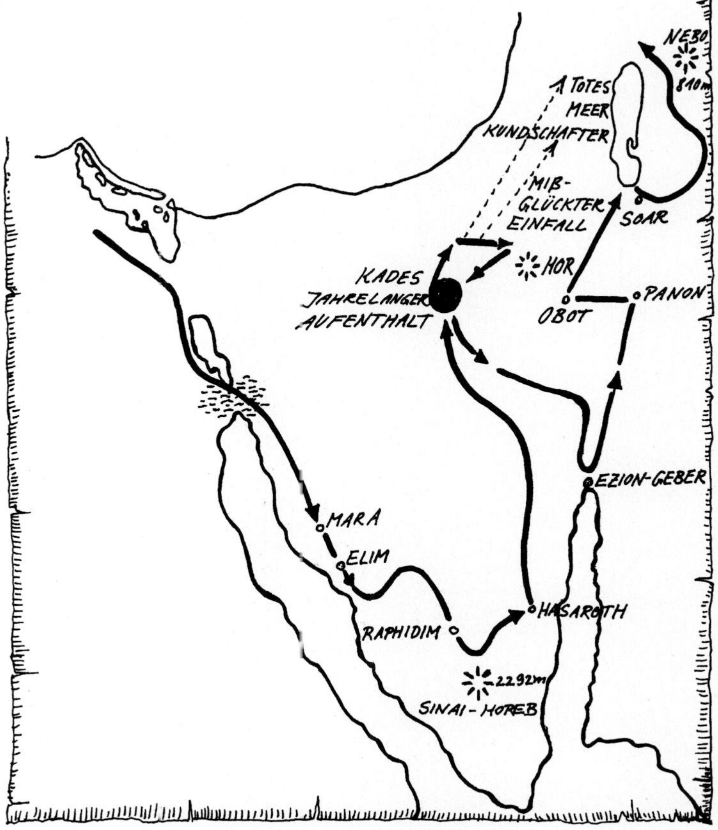

A

Ich bin Jahwe, dein Gott, der dich aus Ägypten geführt hat.
Du sollst neben mir keine anderen Götter haben!

Was will Jahwe den Israeliten damit sagen?
Du kennst mich. Ich bin Jahwe, der für dich da ist, der dich aus Ägypten in die Freiheit geführt hat, der dir geholfen hat in der Not der Knechtschaft. So wie ich damals geholfen habe, werde ich immer für dich da sein. Ich werde sogar einen Bund mit dir schließen und dann brauchst du keine anderen Götter neben mir zu haben, denn diese werden ohne Wirkung bleiben. Auf den „Ich bin da" kannst du immer vertrauen. Wenn du mir vertraust und an mich glaubst, dann ist kein Platz für einen anderen Gott frei.

- ▶ **Warum brauchen die Israeliten keinen anderen Gott?**
- ▶ **Warum verweist Jahwe die Israeliten auf Ägypten?**

B

Anna auf dem Fensterbrett

Ein kleines Mädchen sitzt auf einem Fensterbrett im zweiten Stock eines Mietshauses. Ihre Füße baumeln in der Luft, sie droht abzustürzen. Menschen stehen herum und schauen. Ein herbeigerufener Polizist sagt zu ihr: „Komm spring runter, ich fange dich auf, dir kann nichts passieren." Da erscheint der Vater und ruft ihr ruhig zu: „Anna, komm spring in meine Arme, ich fange dich auf!"

- ▶ **Bei wem wird Anna wahrscheinlich springen? Begründe deine Entscheidung.**
- ▶ **Vergleiche den Vater mit Jahwe.**
- ▶ **Warum will ein Kind keine anderen Eltern?**

C

Gibt es heute andere Götter?

Nicht die Vielgötterei, sondern eher die anscheinende Gottlosigkeit ist das Problem unserer Zeit.
Bei den Israeliten zeigte sich schon bald der Wusch nach einem anderen Gott. Sie stellten das Goldene Kalb auf einen Altar mitten in der Wüste, aber erfuhren schnell und eindringlich, wie wirkungslos dieser Gott ist.
Auch wir stellen heute solche „goldenen Kälber" als Ersatzgötter auf:

Josef und sein Gott

Freitagnachmittag 15:00 Uhr; seit einer Stunde hat Josef Wochenende. Er geht in die Garage und nimmt einen Schlauch, Eimer, Schwamm, Shampoo, Wachs und Watte mit vor das Haus. Ausgiebig wäscht er sein Auto, jeder noch so kleine Fleck wird gründlich beseitigt. Ein kleiner unscheinbarer Kratzer wird mit Wachs und Watte bekämpft. Staubsauger, Bürste und Fensterleder reinigen den inneren Bereich. Nach getaner Arbeit wird er wie jede Woche stundenlang durch die Gegend fahren. Fast sein ganzer Monatsverdienst geht dafür drauf!

(1)

1	2	3	4	5	6	7	8	9	10
11	12	13	14	15	16	17	18	19	20
21	22	23	24	25	26	27	28	29	30
31	32	33	34	35	36	37	38	39	40
41	42	43	44	45	46	47	48	49	50
51	52	53	54	55	56	57	58	59	60
61	62	63	64	65	66	67	68	69	70
71	72	73	74	75	76	77	78	79	80
81	82	83	84	85	86	87	88	89	90
91	92	93	94	95	96	97	98	99	100

(2)

1	2	3	4	5	6	7	8	9	10
11	12	13	14	15	16	17	18	19	20
21	22	23	24	25	26	27	28	29	30
31	32	33	34	35	36	37	38	39	40
41	42	43	44	45	46	47	48	49	50
51	52	53	54	55	56	57	58	59	60
61	62	63	64	65	66	67	68	69	70
71	72	73	74	75	76	77	78	79	80
81	82	83	84	85	86	87	88	89	90
91	92	93	94	95	96	97	98	99	100

(3)

1	2	3	4	5	6	7	8	9	10
11	12	13	14	15	16	17	18	19	20
21	22	23	24	25	26	27	28	29	30
31	32	33	34	35	36	37	38	39	40
41	42	43	44	45	46	47	48	49	50
51	52	53	54	55	56	57	58	59	60
61	62	63	64	65	66	67	68	69	70
71	72	73	74	75	76	77	78	79	80
81	82	83	84	85	86	87	88	89	90
91	92	93	94	95	96	97	98	99	100

(4)

1	2	3	4	5	6	7	8	9	10
11	12	13	14	15	16	17	18	19	20
21	22	23	24	25	26	27	28	29	30
31	32	33	34	35	36	37	38	39	40
41	42	43	44	45	46	47	48	49	50
51	52	53	54	55	56	57	58	59	60
61	62	63	64	65	66	67	68	69	70
71	72	73	74	75	76	77	78	79	80
81	82	83	84	85	86	87	88	89	90
91	92	93	94	95	96	97	98	99	100

(5)

1	2	3	4	5	6	7	8	9	10
11	12	13	14	15	16	17	18	19	20
21	22	23	24	25	26	27	28	29	30
31	32	33	34	35	36	37	38	39	40
41	42	43	44	45	46	47	48	49	50
51	52	53	54	55	56	57	58	59	60
61	62	63	64	65	66	67	68	69	70
71	72	73	74	75	76	77	78	79	80
81	82	83	84	85	86	87	88	89	90
91	92	93	94	95	96	97	98	99	100

(6)

1	2	3	4	5	6	7	8	9	10
11	12	13	14	15	16	17	18	19	20
21	22	23	24	25	26	27	28	29	30
31	32	33	34	35	36	37	38	39	40
41	42	43	44	45	46	47	48	49	50
51	52	53	54	55	56	57	58	59	60
61	62	63	64	65	66	67	68	69	70
71	72	73	74	75	76	77	78	79	80
81	82	83	84	85	86	87	88	89	90
91	92	93	94	95	96	97	98	99	100

II.2 Der Bundesschluss

A

Während die Israeliten am Fuß des Berges Sinai ausharrten, erhielt Mose von Jahwe die entsprechenden Weisungen zum Bundesschluss.
Jahwe gab Mose zunächst 10 knappe und genaue Worte für das weitere Leben seines Volkes Israel.
Diese Anweisungen kennen wir heute alle als die zehn Gebote.
Mose überbrachte dem Volk diese Worte auf zwei steinernen Tafeln:

Ich bin Jahwe, dein Gott, der dich aus Ägypten geführt hat. Du sollst neben mir keine anderen Götter haben.

Du sollst dir kein Gottesbild machen und dich nicht vor anderen Göttern niederwerfen.
Gedenke des Sabbats – halte ihn heilig.

Ehre deinen Vater und deine Mutter.

Du sollst nicht morden.

Du sollst nicht ehebrechen.

Du sollst nicht stehlen.

Du sollst nicht falsch gegen deinen Nächsten aussagen.

Du sollst nicht nach der Frau deines Nächsten verlangen.

Du sollst nicht nach dem Haus, dem Sklaven, dem Vieh deines Nächsten verlangen.

- **Erkläre die Gebote mit deinen Worten.**
- **Lerne sie auswendig.**
- **Die 10 Gebote waren ursprünglich als 10 knappe Worte in hebräischer Schrift aufgeschrieben worden. Erst später wurden sie ausführlich übersetzt. Was könnte dafür der Grund sein?**
- **In den Geboten lassen sich zwei Themen-Schwerpunkte erkennen. Welche sind es? Ordne die Gebote den Schwerpunkten zu.**

A

> Ehre deinen Vater und deine Mutter, damit du lange lebst im Land, das Gott, der Herr, dir gibt.

Ehren, hebräisch „kabod“, bedeutet wörtlich übersetzt „gewichtig sein“. Ehren soll man also diejenigen, die in der Gesellschaft Gewicht haben, und das sind in erster Linie Vater und Mutter.
Dieses Gebot, gerichtet an die erwachsenen Israeliten, fordert sie auf, ihre alten, vielleicht arbeitsunfähigen Eltern zu versorgen und die Verheißungen der Väter an die nachfolgende Generation weiterzugeben. Die Israeliten am Berg Sinai sind Zeitzeugen, welche die Befreiungstat Jahwes miterlebt haben und von daher Verantwortung tragen, diese Tradition so weiterzugeben, als wären die Jungen selbst dabei gewesen. So sorgt jede Generation dafür, dass die Erinnerung an Jahwe und seine Wohltat für die Israeliten nicht abreißt, sondern gewichtig bleibt. Damit ist das 4. Gebot sowohl Traditionspflege als auch Wertevermittlung.
Alle Generationen sollen in Ehrfurcht und Achtung voreinander leben. Durch das Vorbild der Eltern, den Bund mit Jahwe einzuhalten und dieses Leben den Kindern im Alltag zu vermitteln, ehrt man letztlich Gott. Wenn man den Nachsatz zum 4. Gebot betrachtet – „auf dass es dir wohlergeht und du lange lebst auf Erden“ (heutige Version) –, wird deutlich, dass irgendwann die Eltern nicht mehr die Stärkeren, sondern die von den Kindern Abhängigen sein werden. Für die jungen Erwachsenen ist damit die Aufforderung verbunden, gerade die Schwächeren zu achten und zu ehren, da sie ja selbst einmal zu den Schwächeren gehören werden. Wer so handelt, dem wird es auch im Alter auf Erden gut gehen und er wird lange sinnvoll leben können.
Diese Zusicherung erhalten die Israeliten auch am Berg Sinai. Jahwe verspricht, wenn ihr Vater und Mutter, also die Schwächeren in der Gesellschaft ehrt, dann werdet ihr langfristig lebensfähig sein und lange in dem von mir verheißenen Land leben.

- ▶ **Wozu fordert das 4. Gebot den Menschen auf?**
- ▶ **Was bedeutet das Gebot für die Israeliten?**
- ▶ **Das 4. Gebot ist kein Erziehungsgebot. Erkläre.**
- ▶ **Ursprünglich steht das 4. Gebot als Letztes auf der ersten Steintafel. Suche den Zusammenhang zu den ersten drei Geboten.**

B

Cornelia, Hanno und seine Mutter
Es ist Sonntagabend. Cornelia und Hanno haben gute Laune. „Ab heute beginnt ein neues Leben“, murmelt Cornelia und kuschelt sich an ihren Hanno. Der nickt nur und versucht die warnenden Worte aus seinem Inneren zu verdrängen.
Was war geschehen? An diesem Sonntag haben Cornelia und Hanno dessen Mutter nach Schondorf in ein exklusives Altersheim gebracht. „Hier wird es dir an nichts fehlen. Die Leute sind nett, die Pfleger im Heim sehr aufgeschlossen, das Heim hat einfach einen ausgezeichneten Ruf. Wir kommen dich oft besuchen.“ Dies waren die tröstenden Worte, welche die Mutter mit auf den Weg bekam. Sie hatte in den letzten

Jahren nach dem Tod ihres Mannes hauptsächlich für Hanno gesorgt, hatte für ihn gekocht, gewaschen und ihm so alle Annehmlichkeiten geboten, vom Schuhe putzen bis zum Aufräumen. Erst als Cornelia auftauchte, änderte sich das Zusammenleben. Nach nur kurzer Zeit beschlossen die beiden zusammenzuziehen. Da das Haus groß genug war, machte man es sich in der ersten Etage gemütlich. Cornelia und Hannos Mutter verstanden sich aber nicht. Ständig gab es Streiterein zwischen den beiden.
In vielen Gesprächen gelang es Cornelia ihren Mann zu überzeugen, dass ihr gemeinsames Leben nur eine Chance hat: Hannos Mutter muss woanders und von jemand anders versorgt werden.

- ▶ **Äußere deine Meinung zu den Geschehnissen dieser Geschichte.**
- ▶ **Was denkst du über Hanno, Cornelia und Hannos Mutter?**
- ▶ **Siehst du einen Verstoß gegen das 4. Gebot?
Begründe deine Meinung.**

C

Oft wird das 4. Gebot an Kinder und Jugendliche gerichtet, um sie zur Anpassung zu erziehen.

- ▶ **Nenne dafür typische Aussprüche von Eltern.**

Schmatz nicht mit dem Kaugummi, das regt mich furchtbar auf!

- ▶ **Was hälst du von solchen Anweisungen?**
- ▶ **Sollen Eltern ihren Kindern überhaupt Vorschriften machen?**
- ▶ **Es gibt auch typische Aussprüche von Kindern über ihre Eltern. Notiere.**

Meine Eltern haben ja keine Ahnung!

D

▶ **Wie stellst du dir die „idealen Eltern“ vor? Kreuze an und begründe.**

- ☐ Sie lassen mich alles machen, was ich will.
- ☐ Sie sagen bei einer 5: „Das ist deine Sache!“
- ☐ Sie geben mir Aufgaben im Haushalt.
- ☐ Sie sagen: „Du musst um 22:00 Uhr wieder zu Hause sein.“
- ☐ Sie räumen meine Sachen weg.
- ☐ Sie geben mir das besprochene Taschengeld.
- ☐ Sie lassen mich so lange aufbleiben, wie ich will.
- ☐ Sie lernen mit mir gemeinsam.
- ☐ Sie sind immer da, wenn ich sie brauche.

E

▶ **Welche Erwartungen hast du an deine Eltern?**
Welche Erwartungen haben deine Eltern an dich?
Notiere wichtige Punkte und Beispiele.

Eltern **Kind**

F

Das 4. Gebot darf nicht nur isoliert auf die Eltern bezogen betrachtet werden. Es ist vielmehr ein umfassendes, für die gesamte Gesellschaft wichtiges Gebot gegenseitigen Achtens und Verstehens. Es gilt auch für:

Lehrer	↔	Schüler
Regierung	↔	Bürger
Arbeiter	↔	Chef

▶ **Zeige durch Beispiele den Zusammenhang zum 4. Gebot auf.**

▶ **Was geschieht, wenn einer von beiden seine Rolle missbraucht? Erfinde dazu eine Geschichte.**

G

Aus dem Koran (Sure 17,24):

„Bestimmt hat dein Herr, dass ihr ihm nur dienet und dass ihr an den Eltern gut handelt, wenn sie bei dir ein hohes Alter erreichen. Sage nicht „Pfui“ zu ihnen, sondern sprich ehrerbietige Worte!“

▶ **Vergleiche den Abschnitt aus dem Koran mit dem 4. Gebot.**

A

Du sollst nicht töten!

Auf der zweiten Gesetzestafel, die Mose dem Volk Israel am Sinai übermittelte, steht das Gebot: „Du sollst nicht töten!" ursprünglich an erster Stelle. Damit bekommt die Erhaltung des Lebens oberste Priorität und den ausdrücklichen Schutz Gottes. Den Tod herbeiführen ist das alleinige Grundrecht Jahwes, nur er hat das Recht neues Leben zu geben und auch wieder zu nehmen.
In der ursprünglichen Übersetzung lautete das Gebot: „Du sollst nicht morden!" Die Israeliten erhielten das Verbot, damit sie nicht aus persönlicher Habgier, Wut, Hass oder einem anderen Beweggrund einen anderen Menschen, insbesondere aus dem eigenen Volk, umbringen. Nach dem damaligen Verständnis gab es einen Unterschied zwischen vorsätzlichem Mord und der legitimen Todesstrafe für denjenigen, der die Gottesordnung des menschlichen Zusammenlebens gebrochen hatte. So konnten die Israeliten z. B. für das Schlagen der Eltern oder das Misshandeln eines Kindes mit Todesfolge mit der durch ein Gericht ausgesprochenen Todesstrafe belegt werden.
Das Gebot umschreibt gleichzeitig die Warnung, irgendetwas zu tun, wodurch Wohlergehen und Frieden der Mitmenschen untergraben werden könnten, oder etwas zu vernachlässigen, wodurch das Leben anderer zu erhalten wäre. Damit soll verhindert werden, dass sich die Israeliten gegenseitig töten und so ihre innere Stärke und den Zusammenhalt schwächen. Denn ihnen steht noch die Landnahme des von Jahwe versprochenen Landes bevor. Dies wird mit Sicherheit nicht ohne Kampf und Tod möglich sein.
Diesem Gebot „Du sollst nicht morden!", gibt Jesus eine neue erweiterte Bedeutung: „Du sollst nicht töten!" Damit stellt er fest, dass es keinen Legitimationsgrund gibt, der den Schutz des Lebens überbieten könnte. Achte das Leben deiner Mitmenschen und das der Natur, welche die Lebensgrundlage für den Menschen darstellt. Durch seine Worte und Taten dokumentiert Jesus, dass es neben dem biologischen Tod viele Situationen gibt, die letztlich zum Tod von Menschen führen können (z. B. sozialer Tod). Beide belegt er mit dem gleichen Verbot.

- **Was bedeutet das 5. Gebot für die Israeliten?**
- **Erkläre den Unterschied zwischen morden und töten im Alten Testament.**
- **Welche Bedeutung gibt Jesus dem 5. Gebot?**
- **„Jesus und die Sünderin" (Joh. 8,2–11) oder „Die Heilung des blinden Bartimäus" (Mk 10,46–52) sind nur zwei Beispiele, wie der Tod von Menschen vermieden werden kann. Lies die Bibelstellen und suche ähnliche.**

B

Der Unfall

Ein Sonntagnachmittag im April, herrlicher Sonnenschein erwärmt die Luft wie im Frühsommer. Holger juckt es in den Fingern: Jetzt eine Spritztour mit seiner Freundin Monika starten, das wäre toll. Gesagt, getan. Kurze Zeit später sieht man sie mit offenem Verdeck und quietschenden Reifen abfahren. Holger denkt nicht mehr an die warnenden Worte der Werkstatt vom gestrigen Tag: „Ihre vorderen Reifen weisen höchstens noch einen Millimeter Profil auf. Bei einem Unfall wird es mit Sicherheit Ärger geben." Am Mittwoch bekommt er sein Gehalt und könnte sich neue Reifen zulegen. Wie immer ist sein Konto

mächtig überzogen, außerdem braucht er noch Benzingeld und etwas zu essen. Aber Holger will heute fahren, denn heute ist schönes Wetter. Kurze Zeit später auf dem Weg zum nahe gelegenen See: Ein Motorrad kommt mit großer Geschwindigkeit entgegen. In einer langgezogenen Kurve rutscht der Fahrer aus und schleudert über den Asphalt auf Holger zu. Reaktionsschnell tritt dieser auf die Bremse, aber er kann die Spur nicht halten. Das Cabrio schleudert und prallt seitlich gegen einen Baum. Benommen kann sich Holger aus dem Wrack befreien. Seine Freundin bleibt schwer verletzt im Auto liegen, erst später kann die Feuerwehr sie mit der Rettungsschere befreien. Monika stirbt auf dem Weg ins Krankenhaus.

Der Gutachter stellt später fest: Bei normalem Profil hätte der Wagen höchstwahrscheinlich die Spur halten können.

- **Berichte über den Vorfall und dessen Vorgeschichte.**
- **Wer hat Schuld an dem Unfall und seinen Folgen?**
- **Monika ist tot. Ist Holger ihr Mörder?**
- **Liegt ein Verstoß gegen das 5. Gebot vor?**

C

Das Gebot „Du sollst nicht töten" baut auf zwei Säulen auf:
1. Das direkte Tötungsverbot eines Menschen
2. Das Vermeiden dessen, was einen anderen Menschen töten kann.

**Betrunken am Steuer!
Mit 1,5 Promille raste ein 25-Jähriger in eine Fußgängergruppe**

Entlassen – arbeitslos – ohne Heimat, da hängte sich der 55-jährige auf!

Ausgeraubt! Brutaler Taxifahrer – Mord aus Habgier!

Bankangestellter drückte auf den Alarm – da schoss der Maskierte dreimal

Alle fünf Sekunden stirbt ein Kind an Hunger und Unterernährung!

Betrogen – da drehte der Ehemann durch und erstickte seine Frau mit dem Kissen

Eiswinter – schon das 25. Opfer ist zu beklagen

Mit 66 ins Altenheim – Mutter dreht durch und schießt

- **Äußere dich zu den Schlagzeilen.**
- **Schreibe zu einer Schlagzeile einen längeren Bericht.**
- **Ordne die Schlagzeilen den beiden Säulen des 5. Gebotes zu.**
- **Erfinde selbst solche Schlagzeilen.**
- **Sammle aus Zeitungen, Internet, Zeitschriften entsprechende Berichte.**

D

Das 5. Gebot wird grundsätzlich von allen Menschen anerkannt. Trotzdem gibt es Problemfälle.

a) Michael ist Bomberpilot und fliegt mit seinem Jagdbomber und dessen tötlicher Last gemäß seinem Auftrag auf die feindliche Hauptstadt zu. Er selbst hat überprüft, dass die Bomben richtig geladen und zum Abwurf vorbereitet wurden. Michael hat ein seltsames Gefühl, eine Mischung aus Angst und Trotz, aus Gehorsam und Verweigerung. Er denkt an seine Familie. Als er mit Hilfe von Funk und Radar sein Ziel erreicht hat, löst er den Abwurf aus! Erleichtert und froh, nicht abgeschossen zu sein, tritt er den Rückflug an.

- **Beschreibe die Situation des Piloten: Welchen Auftrag führt er aus? Welche Gefühle begleiten ihn? Woran denkt er nicht?**
- **Verstößt er gegen das 5. Gebot?**
- **Töten ist für Michael relativ leicht. Er steht seinem Gegner nicht Auge in Auge gegenüber. Er sieht niemanden sterben. Das 5. Gebot und Krieg – diskutiert über das Problem.**

b) Frieda ist seit 2 Jahren mit Daniel zusammen. Die beiden sehen sich häufig, verbringen ihre Freizeit zusammen und haben auch schon einen gemeinsamen Urlaub verlebt. Frieda ist im 2. Lehrjahr, Daniel hat gerade ein Studium begonnen. Über Heiraten und Kinder haben sie bis heute nicht nachgedacht. Dann geht Frieda zur Untersuchung beim Frauenarzt. Dieser gratuliert ihr zum Baby. Frieda ist entsetzt.

- **Erläutere die Lage von Frieda: Was bedeutet ein Baby für sie?**
- **Welche Fragen werden dem Paar durch den Kopf gehen?**
- **Ist Abtreibung eine Lösung? Abtreibung und das 5. Gebot – diskutiert über rechtliche und moralische Grundfragen.**

E

Katharina ist schwer an Krebs erkrankt, und liegt auf der Intensivstation des Krankenhauses. Sie hat große Schmerzen, die nur mithilfe stärkster Medikamente gelindert werden können. Mehrfach hat sie schon den Wunsch geäußert, sterben zu dürfen. Auch die Ärzte geben ihr keine Chance mehr.

- **In welcher Situation befindet sich Katharina?**
- **Sollen die Ärzte den Wunsch von Katharina erfüllen?**
- **Informiere dich über Sterbehilfe und erstelle eine Gegenüberstellung „pro – contra“.**

F

- Äußere dich zu den Aussagen auf dem Bild.
- Welche Verhaltensweisen können einem Menschen den „sozialen Tod" bringen? Erstelle eine Liste und gestalte dazu eine Collage.

„SozialerTod" durch ...

A

Du sollst nicht ehebrechen!

Mit dem 6. Gebot „Du sollst nicht ehebrechen!“ gibt Jahwe den Israeliten eine klare und unmissverständliche Regelung für ihr soziales Zusammenleben. Jahwe hat am Sinai mit seinem Volk den Bund („Ehebund“) geschlossen, mit dem er sich unwiderruflich an Israel bindet. Dies fordert er auch von seinem Volk in Hinblick auf ihr gesellschaftliches Zusammenleben. Was auch an Problemen und Konflikten dem Menschen widerfährt, die Israeliten müssen sich im Miteinander bewähren. Nur so kann das große Ziel – das Ankommen im gelobten Land – erreicht werden.
Das Verbot, die Ehe zu brechen, war zunächst Schutzbestimmung für die Frau, die Kinder und die Sippe und diente so zur Bewahrung des Besitzes. Die Rolle der israelitischen Frau war die der Ehefrau und Mutter. Der Mann, der eine Frau „erwirbt“ und für sie den Brautpreis zahlt, ist für ihre weitere wirtschaftliche Versorgung verantwortlich. So soll das Gebot verhindern, dass Frauen einfach verlassen werden können und ohne ausreichende Absicherung der Sippe zur Last fallen müssen. Es soll gleichzeitig verhindert werden, dass sich der Mann an fremdem Eigentum, nämlich der Frau eines anderen, vergreift. Damit wird der Ehebruch mit Ledigen, Geschiedenen oder Witwen für den Mann erlaubt.
Während beim Mann ausschließlich materielle Gründe überwiegen, wird bei der Frau die moralische Messlatte angelegt: Sie ist zur absoluten Treue ihrem Mann gegenüber verpflichtet.
Die Wichtigkeit des Gebotes lässt sich auch durch den Befehl Jahwes an Mose verdeutlichen: Wer die Ehe bricht, der soll des Todes sterben, Ehebrecher wie Ehebrecherin. Wo eine Ehe besteht, soll diese durch das Gebot Jahwes geschützt werden, so wie er sich auch seinem Volk gegenüber verhält: Jahwe ist seinem Volk treu; er liebt es und ist immer da; er vergibt und erneuert so seinen Bund.

- ▶ **Erkläre die Bedeutung des 6. Gebotes für die Israeliten.**
- ▶ **Warum wird für Ehebruch sogar die Todesstrafe angesetzt?**
- ▶ **Welche Eigenschaften Jahwes sind Grundlage jeder Ehe?**
- ▶ **Gib Beispiele dafür, dass diese Grundlegung für jede Partnerschaft wichtig ist!**

B

Nicole und Eduard
Das 6. Gebot modern: Du sollst nicht fremdgehen!
„Warte nicht auf mich, es wird sicher spät!“, mit diesen Worten und einem flüchtigen Kuss auf die Wange von Nicole verlässt Eduard sein luxeriöses Haus. Auf dem Weg zum Jaguar denkt er noch: „Die hat es gut, meine Nicole, kann nachher in den Pool steigen oder einkaufen gehen und braucht nichts weiter zu tun, als heute Nacht für mich da zu sein.“ Im Haus lässt Nicole ihren Tränen freien Lauf, sie ist verzweifelt und ratlos. Wie sehr hat sie unter dem ständigen „Es wird sicher spät!“, „Das Geschäft ruft!“, „Das wird der Auftrag meines Lebens!“ oder „Ich tue doch alles nur für dich!“ gelitten.

III.6 Das sechste Gebot

Nicole – eine Frau um die 30, die vor 5 Jahren ihren Eddi geheiratet und dafür ihr Studium aufgegeben hat. Anfangs war alles so, wie sie es sich vorgestellt hatte: viel gemeinsame freie Zeit, Unternehmungen, Reisen oder Partys. Aber seit Eduard den Posten des Geschäftsführers übernommen hat, ist ihm ihre gemeinsame Zeit unwichtig geworden, nur noch Karriere und Beruf zählen. Unzählige Abende hat Nicole alleine zu Hause verbracht oder sich bei Geschäftsessen gelangweilt. An Urlaub war nicht mehr zu denken, immer gab es etwas Wichtigeres im Betrieb. Auf Kinder wollten sie – gemäß dem Wunsch von Eduard – verzichten. So fühlte Nicole eine innere Leere und ungestillte Sehnsucht.
Seit 4 Wochen gibt es jemanden, der diese Leere gerne in Lebensfreude umwandeln möchte. Nicole hat ihn bei einem Basar kennengelernt, als Eduard mal wieder aus geschäftlichen Gründen längere Zeit nicht da war. Jetzt plagt Nicole ihr Gewissen: Eine neue Liebe mit allen Konsequenzen oder Treue, bis dass der Tod euch scheidet?

- ▶ **Beschreibe die Situation von Nicole und Eduard.**
- ▶ **Wer hat Schuld an der belasteten Beziehung?**
- ▶ **Wer verstößt gegen das 6. Gebot?**
- ▶ **Du bist Lebensberater einer Zeitschrift. Gib Nicole einen Rat.**

B

Eine Ehe wird nicht erst nur durch handfeste Tatsachen gebrochen, sondern bereits früher, z. B. wenn…
- sich Partner mehr an anderen Dingen erfreuen, als an der Partnerschaft.
- andere Menschen als interessanter empfunden werden als der Partner.
- das Vertrauen und die Intimität zerstört sind.
- ein sexuelles Abenteuer mehr Erfüllung verspricht als der Ehealltag.
- der Partner sich dem „Zuhause“ entzieht.

- ▶ **Verdeutliche die Probleme durch Beispiele aus dem Alltag.**
- ▶ **Versuche die Aufzählung zu ergänzen.**
- ▶ **Was meint also das Gebot sonst noch?**
- ▶ **Suche Heiratsanzeigen und notiere, wie die Ehe jeweils gesehen wird.**
- ▶ **Versuche 10 Regeln aufzustellen, die garantieren, dass eine Ehe hält.**

C

Das 6. Gebot – heute belanglos!?

- Art. 6, Grundgesetz
- § 1353, BGB
- Sure 17, Vers 33, Koran

- ▶ **Suche die Quellen und schreibe die jeweilige Kernaussage heraus.**

E

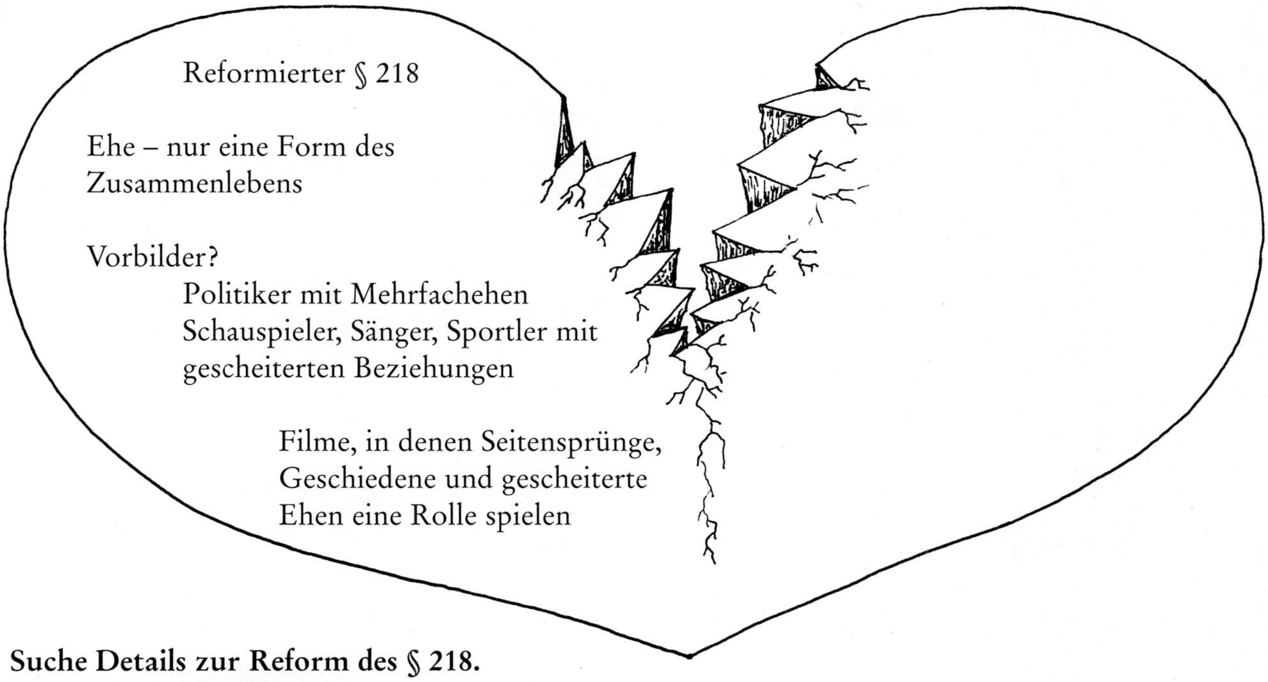

- **Suche Details zur Reform des § 218.**
- **Was könnte man der linken Seite entgegensetzen? Fülle aus.**
- **Wieso ist das 6. Gebot für viele Menschen ohne Bedeutung?**
- **Welche Rolle spielen unsere „Vorbilder“?**

F

Scheidungen in Deutschland

- **Werte die Statistik aus.**

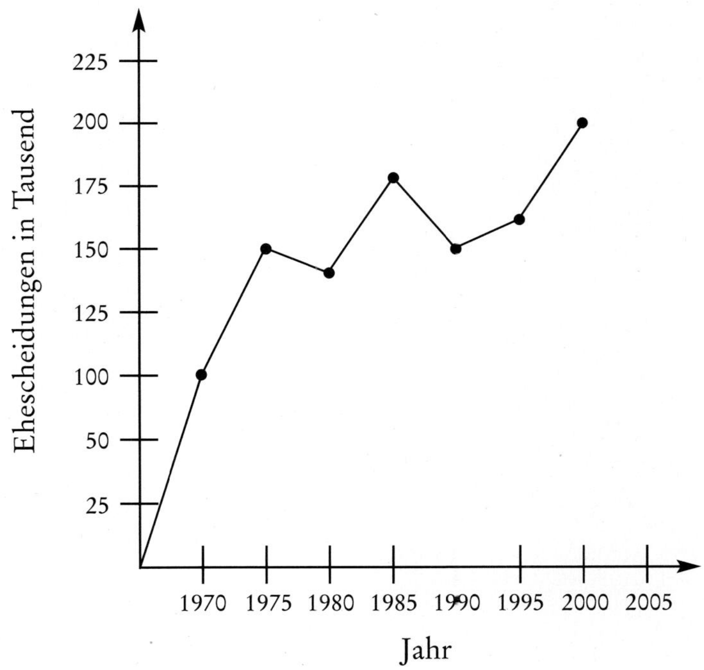

G

Faktoren, die das Scheitern einer Ehe begünstigen

Untreue des Partners

Heirat unter 20 Jahren

Stiefkinder in der Ehe

Leben in der Großstadt

Ehepartner hat die Scheidung der eigenen Eltern miterlebt

Beide Partner ganztätig berufstätig

- **Erkläre die „Begünstigungsfaktoren“ und versuche sie zu begründen.**
- **Gibt es auch Faktoren, die das Scheitern einer Ehe verhindern? Schreibe sie auf.**

A

Du sollst nicht stehlen!

Mit diesem 7. Gebot „Du sollst nicht stehlen!“ will Jahwe den aus der Knechtschaft befreiten Israeliten die neu erworbene Freiheit bewahren. Er untersagt den Israeliten, Menschen zum Eigentum von Menschen zu machen und verurteilt so jedes Verhalten, dass die Freiheit einer Person zerstört. Dabei ging es ursprünglich auch bei dem 7. Gebot um das Volk der Israeliten. Du sollst keinen Menschen rauben, du sollst ihn nicht in deine Gewalt bringen und für dich ausnutzen. Aus einem freien Israeliten kann man keine Sache machen, einen Sklaven, der Eigentum seines Herren ist und dem dann seine freie Entfaltung genommen wird. Kein Israelit darf einen Volksangehörigen als Leibeigenen nehmen. Selbst da, wo sich jemand verschuldet, muss man als freier Tagelöhner mit der Aussicht auf spätere Begnadigung dienen.
Erst später kam die Übertragung auf das Stehlen von Sachwerten hinzu. Auch in Israel gab es wenige Wohlhabende und viele verarmte Menschen. Oft wurden die Armen von den Reichen ausgenutzt und ausgebeutet und gerieten so noch mehr in eine Notlage. So bedeutet das Gebot „Du sollst nicht stehlen!“: Nimm nichts von dem Besitz des anderen, aber lebe auch nicht auf Kosten anderer und bringe sie nicht um ihren verdienten Lohn.

- ▶ **Welche ursprüngliche Bedeutung hat das 7. Gebot für die Israeliten?**
- ▶ **Was wollte Jahwe mit dem Gebot sicherstellen?**

B

1. Der Diebstahl
Geschickt hatte Horst die teure Armbanduhr in seiner Jackentasche verschwinden lassen. Er war sich sicher, dass es keiner bemerkt haben konnte. Weit und breit war kein anderer Kunde zu sehen und die Verkäuferin stand ihm, den Rücken zugekehrt, an der Vitrine. Als er aber auf den Ausgang zusteuerte, langsam und unauffällig, sprach ihn ein freundlicher Herr an und bat ihn, mit in sein Büro zu kommen. Horst war verdutzt, wollte zunächst spontan weglaufen, entschloss sich dann aber, den Herrn zu begleiten. Er hatte immer noch die Hoffnung, dass der vielleicht etwas ganz anderes von ihm wollte. Als dieser aber nach der goldenen Armbanduhr in der rechten Jackentasche fragte, war Horst zum zweiten Mal geschockt, nahm die Uhr heraus und gestand.

2. Kurt und sein Geschäft
Der Betrieb von Kurt befindet sich in einer schwierigen wirtschaftlichen Situation und steht vor der Pleite. Trotzdem ist Kurt keineswegs geknickt. Mit einigen Tricks, die an der Grenze der Legalität waren, hat er sich ausreichend Bargeld für die nächsten Jahre „auf Seite geschafft“. So kann er dem Konkurs beruhigt entgegen sehen. Was interessieren ihn die privaten wie geschäftlichen Kunden, die noch Geld von ihm zu bekommen haben – und auch der Lohn für seine Arbeiter wird mit Sicherheit nicht mehr voll ausbezahlt werden, denn die Kassen sind leer. „Ich trage für die schlechte Wirtschaft keine Schuld“, sagt er sich beruhigend.

- ▶ **Äußere dich zu den Geschichten von Horst und Kurt.**
- ▶ **Wo siehst du Unterschiede, wo Gemeinsamkeiten? Wer verstößt gegen das 7. Gebot?**
- ▶ **Welche zwei wesentlichen Aspekte des Gebotes werden hier angesprochen?**
- ▶ **Finde noch andere Beispiele.**

C

Fragebogen zum 7. Gebot

Hast du schon einmal...

- ☐ etwas im Geschäft mitgehen lassen?
- ☐ Eltern oder Geschwistern Geld weggenommen?
- ☐ geliehenes Geld oder Dinge nicht zurückgegeben?
- ☐ Sachen von Mitschülern beschädigt?
- ☐ Preisschilder vor der Kasse vertauscht?
- ☐ Gefundenes nicht zurück- oder abgegeben?
- ☐ ohne Grund krankgefeiert?

- ▶ **Überlege dir jeweils, wo und wie ein Verstoß gegen das 7. Gebot vorliegen könnte.**
- ▶ **Schreibe zu einem Beispiel eine kleine Episode.**

D

Auch das gehört zum 7. Gebot

Nicht stehlen sollst du ...

den Bäumen die Luft!

den Pflanzen den Boden!

den Armen das Brot!

dem Nachbarn den Frieden!

dem Schwächeren sein Recht!

den Fischen das Wasser!

den Tieren ihre Würde!

den Kindern die Wärme!

dem Partner die Liebe!

dem Wehrlosen die Hilfe!

- ▶ **Verdeutliche die einzelnen Aussagen durch Beispiele.**
- ▶ **Zeige, dass diese Anweisungen sowohl für den Einzelnen wie für die Gesellschaft gelten.**
- ▶ **Suche in Zeitschriften oder im Internet passende Berichte zu den Aufforderungen.**
- ▶ **Zeige, dass durch Verstöße die Freiheit des Menschen eingeschränkt und so der ursprüngliche Sinn des 7. Gebotes missachtet wird.**

E

- Was könnte in der Sprechblase stehen? Fülle sie aus und erkläre die Karikatur.
- Worin besteht der Verstoß gegen das 7. Gebot?
- Versuche selbst eine solche Karikatur zu entwerfen, in der du ein anderes gesellschaftliches Thema darstellst.

F

A

Du sollst nicht falsch gegen deinen Nächsten aussagen!

Auch mit dem 8. Gebot gibt Jahwe den am Sinai versammelten Israeliten eine eindeutige Richtschnur für das Verhalten gegenüber ihren Stammesgenossen: Sage niemals falsch aus gegen deinen Nächsten. So wie Jahwes Worte gegenüber dem Volk Israel wahr und täuschungsfrei sind, soll auch die Aussage der Israeliten gegenüber ihren Nächsten so sein. Nur das wahre Zeugnis beschützt den Unschuldigen vor Strafe, hilft ihm frei zu bleiben, seinen Besitz zu behalten und in der Gemeinschaft weiterleben zu können.
Bei den Israeliten gab es keinen offiziellen Ankläger. Wer ein Verbrechen sieht oder davon erfährt, ist für eine mögliche Anklage oder ein Verfahren zuständig. Er ruft die Männer des Dorfes oder Stammes zusammen, klagt den anderen an und versucht durch Zeugenaussagen den Vorwurf zu belegen. So kann ein falsches Zeugnis schnell eine spätere Verurteilung, sogar ein Todesurteil nach sich ziehen. Nach dem Recht Israels schaffen Zeugen die Grundlagen für eine Verurteilung oder einen Freispruch. Somit tragen sie im Falle einer falschen Aussage auch die Verantwortung für die Verurteilung. An dieser Stelle ruft Jahwe den Israeliten ein eindeutiges „Halt!“ zu: Wenn du falsch gegen den Nächsten aussagst, dann bin ich derjenige, den du verleumdest. Damit soll gerade der Angeklagte, oft ist es der Schwächere, geschützt werden, indem Jahwe den Zeugen befiehlt, ohne Rücksicht auf die Person, wahr und gerecht dem Mitmenschen zu begegnen.
Neben dem Kerngedanken des Gebotes, nämlich Rechtssicherheit für den Menschen durch Wahrheit, wurde das 8. Gebot bald mit der allgemeinen Aufforderung „Du sollst nicht lügen!“ in Verbindung gebracht.

- **Welches Verhalten schreibt Jahwe den Israeliten im 8. Gebot vor?**
- **Wie verlief eine Anklage im alten Israel? Welche Bedeutung kam den Zeugen zu?**
- **Auch das 8. Gebot ist ein Schutzgebot für das Volk. Erkläre.**

B

Notlüge?

Holger befindet sich in einer verzwickten Lage. Sein Freund Tim ist von der Polizei erwischt worden. Beide waren bei einer Party, wo schon bald Alcopops und Hasch die Runde machten. Während Holger standhaft geblieben war und schon nach kurzer Zeit unter dem Gelächter der Partygäste die Feier verlassen hatte, hatte sich Tim voll ins Vergnügen gestürzt. Holger hatte es vorher mit eigenen Augen gesehen, dass es Tim war, der das Hasch dabei hatte. Darauf angesprochen hatte Tim nur locker geantwortet: „Das habe ich letzte Woche während des Konzertes auf der Toilette besorgt. Meinst du, ich will wie du als Weichei beschimpft werden?“ Daraufhin war Holger gegangen. Später in der Nacht ist dann die Poizei gekommen, hat die Namen der Partymitglieder aufgenommen und die letzten Reste von Hasch und Ecstasy konfisziert. Vor einigen Tagen bekam

Holger eine Einladung zur Zeugenvernehmung, auch sein Name war bei der ersten Befragung gefallen. „Mensch, sag doch, du hast nichts gesehen und ich habe bisher mit Drogen nichts zu tun gehabt, stell dich einfach unwissend“, fordert Tim von seinem Freund. „So eine Notlüge ist doch unter Freunden gerade Pflicht!“ So ist Holger in der Zwickmühle, einerseits möchte er Tim gerne helfen, andererseits steht für ihn das Gebot, nichts Falsches auszusagen. „Wer wird dann die Schuld bekommen, Hasch mit auf die Party gebracht zu haben? Wie wird Tim betraft, wenn ich die Wahrheit sage? Wenn ich ihm helfe, wird er dann überhaupt aus dem Vorfall lernen?“

- ▶ **Äußere dich zu den Geschehnissen.**
- ▶ **In welcher Zwickmühle steckt Holger? Wie würdest du dich entscheiden?**
- ▶ **Welche anderen Fragen gehen Holger wohl noch durch den Kopf?**
- ▶ **Wenn Holger lügt, macht er sich dann rechtlich und moralisch strafbar?**

C

„Wer noch nie gelogen hat, der werfe den ersten Stein!“, könnte man in Abänderung eines Bibelverses (Joh. 8,7) sagen.

- ▶ **Notiere spontan mindestens 5 Situationen, in denen du gelogen hast.**
- ▶ **Kennst du jemanden, der noch nie gelogen hat?**
- ▶ **Schreibe Gründe auf, warum Menschen lügen.**
- ▶ **Welche Folgen kann eine Lügengeschichte haben?**
- ▶ **Stell dir vor, man verbreitet über dich Lügen. Was würde dich besonders hart treffen?**

D

Sprichwörter zum 8. Gebot

Wer einmal lügt, dem glaubt man nicht!

Lügen haben kurze Beine!

Die halbe Wahrheit ist die gefährlichste Lüge!

Wer viel schwätzt, lügt auch viel!

Lawinen und Lügen, beide wachsen immer weiter!

- ▶ **Versuche die Sprichwörter zu erklären.**
- ▶ **Erfinde ein Beispiel, wo eines der Sprichwörter sinnvoll gebraucht wird.**
- ▶ **Fertige zu einem Sprichwort eine Zeichnung an.**

E

Auch das kann unter das 8. Gebot fallen:

- Klatsch und Tratsch
- Werbung
- Zeitungsschlagzeilen
- Schweigen

- ▶ **Suche hierzu Beispiele.**

A

Du sollst nicht nach der Frau deines Nächsten verlangen!
Du sollst nicht nach dem Haus, dem Sklaven, dem Vieh deines Nächsten verlangen!

Das 9. und das 10. Gebot passen inhaltlich zusammen und ergänzen sich. Wahrscheinlich war in der ursprünglichen Form sogar die Reihenfolge anders, zuerst das Haus, dann die Frau, der Knecht, die Magd, das Vieh. Für den wandernden Nomaden ist das eigene „Haus" (sein Zelt mit allem was dazu gehört) Lebensgrundlage. Deshalb stand dieses Zelt auch unter besonderem Schutz, selbst wenn es während der Wanderzeit abgebaut „in die Bäume gehangen" wurde. Bei der Rückkehr zu Beginn der Regenzeit war man auf das Vorhandensein des Zeltes angewiesen.
Somit ist auch dieses Gebot an die wandernden Israeliten gerichtet, die die Befreiung aus der Knechtschaft in Ägypten erlebt hatten. Sie selbst sollten vermeiden, die gleichen Fehler bei ihren Nächsten zu machen. Sie zusammen gehören zu Jahwes auserwähltem Volk. Deshalb darf es innerhalb dieses Volkes Neid, Begehren und Verlangen nicht geben. Diese Eigenschaften passen nicht zu dem Bund, den Jahwe mit seinem Volk verbindet. Jahwe ist als Schöpfer der Welt auch ihr Eigentümer. Die Menschen erhalten ihren Besitz als eine Art Leihgabe von ihm übertragen.
Somit wird alles, was damals Wohlstand ausmachte (die Frau, das Haus (Zelt), der Knecht, die Magd und das Vieh) vor dem direkten Zugriff, aber auch schon vor dem Begehren des Nachbarn geschützt. Gerade das Begehren, etwas besitzen zu wollen, was dem Anderen gehört, wurde auch damals als eine falsche Einstellung angesehen. Die Gebote sollten dafür sorgen, innerhalb des Volkes Ruhe und Ordnung zu bewahren und Streit zu vermeiden.

- ▶ **Welche Bedeutung haben das 9. und 10. Gebot für die Israeliten?**
- ▶ **Warum wurden in diesen Geboten ganz konkrete Hinweise gegeben?**
- ▶ **Weshalb ist das Begehren schon gefährlich?**

B

Andrea braucht Geld

Die 16-jährige Andrea ist seit Tagen ziemlich deprimiert. Ihre Schulkameradinnen haben sie aufgezogen, weil sie so ziemlich als Einzige noch nicht über die teuren neuen Markenklamotten von Esprit verfügt. Hose, T-Shirt, passende Söckchen … – alles wie aus einem Guss. Bisher hatte Andrea eigentlich immer mithalten können, aber jetzt war so schnell immer wieder etwas anderes angesagt, dass es für sie nicht mehr finazierbar war. Ihr Verstand sagt ihr, dass sie den Eltern keine Schuld geben kann. Vater war seit Wochen ohne Arbeit und der Kredit für die neue Wohnung muss ebenfalls monatlich zurückgezahlt werden. Aber im Innersten verflucht sie die Situation und beneidet die Mädchen ihrer Klasse, die genügend Geld bekommen, um immer aktuell gekleidet zu sein. Andrea fasst einen Entschluss: „Ich werde alles tun, um an Geld zu kommen, koste es, was es wolle!"

Am Samstag fällt ihr eine Zeitungsanzeige in die Augen: Wer hilft älterem Mann bei der täglichen Hausarbeit? Freie Zeiteinteilung, gute Bezahlung, für Studentin geeignet.
„Das ist es!“, dachte sich Andrea sofort. „Ich gehe problemlos als Studentin durch. Und morgens zu arbeiten – kein Problem. Wenn ich ab und zu die Schule schwänze, fällt das Mama und Papa gar nicht auf. Und die Sache mit der Entschuldigung regele ich auch selbst, Mamas Unterschrift ist leicht nachzumachen.“
Andrea ging ans Telefon und wählte die angegebene Nummer ...

- **Äußere dich zu der geschilderten Situation.**
- **Warum ist Andrea deprimiert?**
- **Wo gibt es Verbindungen zum 9./10. Gebot?**
- **Wie wird die Geschichte weitergehen? Schreibe sie zu Ende.**

C

Ich will alles und zwar sofort!

- **Interpretiere die Zeichnung.**
- **Stelle zusammen, was sich Jugendliche heute alles wünschen.
Markiere anschließend die Dinge, die man unbedingt zum Leben braucht.**
- **Wie verhalten sich Jugendliche bei Ablehnung ihrer Wünsche?**
- **Woher kommt dieses Begehren nach so vielen Dingen?**

D

Die „Neidwand“

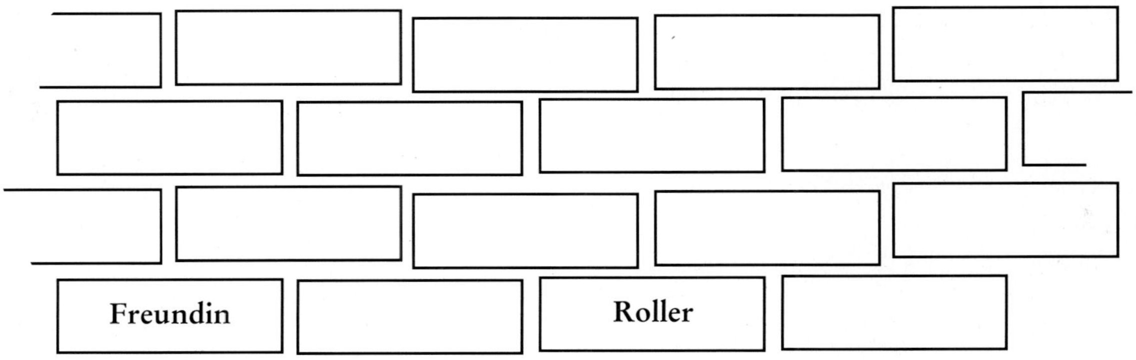

- **Ergänze diese „Neidwand“.**
- **Was drückt das Symbol der Wand bzw. Mauer aus?**
- **Wen hast du schon einmal beneidet und aus welchem Grund?**

E

Bei Verstößen gegen das 7. und 8. Gebot handelt es sich auch heute noch um Straftaten. Im Gegensatz dazu spielt beim 9. und 10. Gebot auch die Frage der Verletzbarkeit der Grenzen auf legalem Wege eine Rolle: Wo werden Gesetze unterlaufen? Wo werden Gesetzeslücken ausgenutzt? Wo werden ungeschriebene Gesetze ignoriert?
Hier schiebt das Gebot auch für uns heute einen ganz klaren Riegel davor: Du sollst nicht begehren! Begehren bedeutet mehr als wünschen, es meint zielstrebig, konsequent und machtbesessen auf Dinge des Anderen zugehen, ohne Rücksicht auf dessen Befindlichkeit.

Für einen Porsche gab er sein letztes Hemd!

Mit allen Tricks versuchte er bei meiner Frau zu landen.

Scheibe defekt – das zahlt die Versicherung!

Meine Kollegen ekeln mich aus dem Betrieb!

- **Wo wird hier legal gegen das 9. und 10. Gebot verstoßen?**
- **Formuliere weitere Beispiele.**

F

Nicht begehrt werden soll, was uns nicht gehört, also das Eigentum des Anderen; aber auch was ein Eigenrecht besitzt, sollen wir nicht begehren, wie die Natur, die allen gehört. Die Ausbeutung durch die Menschen und deren Zerstörung sind klare Verstöße gegen die „Würde" der Natur.

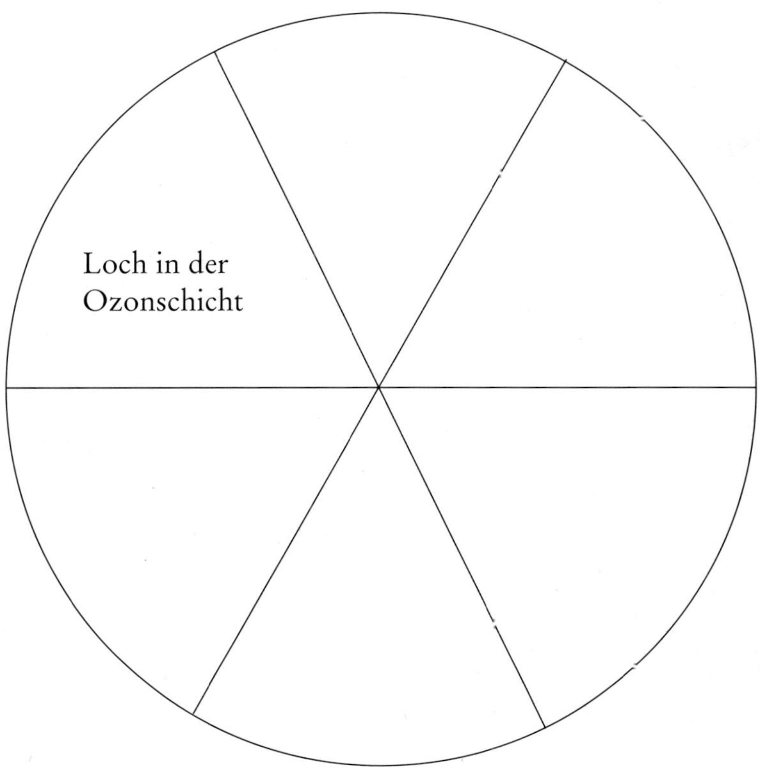

- **Fülle das Kreisbild mit entsprechenden Begriffen.**
- **Welche Auswirkungen haben Verstöße gegen die Würde der Natur?**

A

Jahwe gibt am Berg Sinai seinem Volk, den aus Ägypten befreiten Israeliten, 10 Gebote, die für ihr weiteres Leben bedeutsam sein werden.

„Wer mir vertraut, hat keinen Platz für andere Götter!“

JAHWE SAGT:

▶ **Notiere nochmals die Kerngedanken der 10 Gebote in ihrer Bedeutung für die Israeliten.**

B

sich keinen Ersatzgott schaffen!

DER CHRIST SOLL …

den Besitz des Anderen neidlos akzeptieren!

▶ **Was bedeuten diese Gebote (A) für uns als Christen? Notiere die Kerngedanken.**

▶ **Welche der Gebote sind auch für einen „Ungläubigen“ bedeutsam?**

▶ **Wie wäre die Welt, wenn sich jeder an die 10 Gebote halten würde?
Notiere in Form einer Liste. Sie könnte so beginnen:**

Es gäbe keinen Krieg, denn das 5. Gebot sagt: Töte niemals!
Es gäbe keinen Bankraub, denn …

C

- ▶ **Auf welches Gebot weist diese Karikatur hin?**
- ▶ **Erfinde selbst Karikaturen für eines oder mehrere der 10 Gebote.**

D

Die 10 Gebote gelten für jeden, es sei denn, du bist zufällig …

- Boulevardjournalist, dann kannst du es dir leisten, halbe Wahrheiten zu verbreiten.
- Industrieboss, dann kannst du unter dem Deckmantel der Kostenreduzierung Leute entlassen.
- Soldat, dann musst du zur Verteidigung der Freiheit einen Anderen töten.
- Bankier, dann gehört dir das Haus schon halb, das der Andere sich mühsam erspart hat.

- ▶ **Erläutere die Beispiele mit deinen Worten.**
- ▶ **Gegen welche Gebote wird jeweils verstoßen?**
- ▶ **Sind solche Ausnahmen moralisch zu rechtfertigen?**
- ▶ **Wie können sich Personen verhalten, die in solche Situationen gedrängt werden?**

E

Freigabe der Ladenöffnungszeiten auch am Sonntag?

Millionen-Abfindung für unfähigen Manager

Keine Einigung über Abgasnormen!

Feste Beziehung? Der Seitensprung ist „in"!

Ladendiebstahl ist kein Kavaliersdelikt! Wir zahlen alle die Zeche!

- ▶ **Bringe diese Schlagzeilen mit den 10 Geboten in Verbindung.**

A

„10 Gebote für …" werden heute in vielen Bereichen als geflügelte Worte gebraucht. Mit dem Hinweis auf den biblischen Ursprung verbindet man automatisch zehn wesentliche Aussagen zu einem Thema oder Sachverhalt. Egal ob Andenkenladen, Kiosk, Ramschgeschäft oder Internet, „10 Gebote für …" sind überall zu finden. Allein die Suchmaschine „Google" bietet über 4 Millionen Treffer zu der Eingabe „10 Gebote". Z. B.:

10 Gebote für …
eine glückliche Ehe, das gelungene Bewerbungsschreiben, Medienabhängige, den sicheren Radfahrer, den technischen Fortschritt, den sicheren Schutz im Internet, Fahrgemeinschaften, den guten Redner …

- ▶ **Was bedeutet jeweils der Hinweis auf „10 Gebote für…"?**
- ▶ **Für welche Bereiche werden solche Gebote formuliert?**
- ▶ **Suche selbst im Internet nach weiteren 8 Beispielen.**
- ▶ **Schau in Buchhandlungen nach. Welche Titel findest du dort?**

____

____

____

____

____

____

10 Gebote für ____________________

1. Kleidung muss zum Anlass passen.
2. Kleidung ist auf die Figur abzustimmen.
3. Kleidung braucht Zeit zum Kaufen.
4. Kleidung soll Geschmack ausdrücken.
5. Kleidung soll die Persönlichkeit betonen.
6. Auch die Haare gehören zur Kleidung.
7. Trage nie 100% Harmonie, sondern 10% Kontrast.
8. Kleidung darf nie ungepflegt sein.
9. Qualität geht vor Quantität.
10. Kleidung ist das Ergebnis fleißigen Übens.

- ▶ **Suche eine passende Überschrift.**
- ▶ **Versuche die Gebote mit deinen Worten zu erklären.**
- ▶ **Welche Aussagen sind richtig, welche übertrieben und welche falsch?**
- ▶ **Zeichne ein Werbeplakat zu diesen „10 Geboten".**

B

Auf dem Bild siehst du Menschen, die dein Nächster sein könnten.

▶ **Welcher ist dein Nächster? Markiere.**

▶ **Warum hast du ihn oder sie ausgewählt?**

▶ **Ist dein Nächster nicht auf dem Bild? Dann zeichne ihn.**

C

Beziehungen werden häufig durch ein Beziehungsdreieck ausgedrückt. Auf das Hauptgebot bezogen, ergibt sich folgende Darstellung:

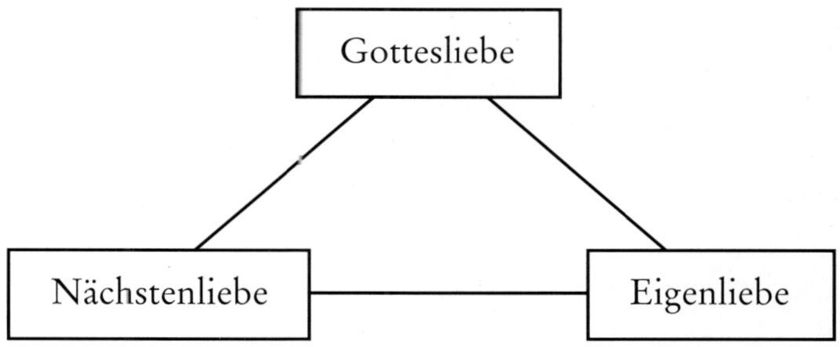

▶ **Was geschieht, wenn ein Eckpunkt überlastet wird?**

D

Seltsam

Wir lassen uns rühren, von Menschen die in Not geraten sind, die weit weg von uns leben, die von Katastrophen heimgesucht wurden, die wir nicht kennen.
Wir öffnen für diese unsere Geldbörse, spenden Millionen nach Fernsehaufrufen, aber schwierig wird es mit dem Nachbarn, dem Arbeitskollegen, dem Mitschüler, dem Gemeindemitglied, noch schwieriger mit dem Ehepartner oder den Eltern, die ständig nörgeln, dem Angeber in der Parallelklasse …

___

___

___

▶ **Warum lautet die Überschrift „Seltsam“?**

▶ **Ergänze die Liste und überlege, warum dieser Nächste so schwer zu „lieben“ ist.**

Bittet, sucht, klopft an!

❶ Jeder Mensch hat viele Wünsche. Auch du kannst sicher solche Wünsche äußern.

- Nimm dir ein Blatt Papier, zeichne einen großen bunten Luftballon und trage oder zeichne bis zu drei Wünsche ein.
- Anschließend stellt ihr eure Wünsche im Gesprächskreis vor und heftet sie als Collage an eine Wandtafel.

❷ Oft entstehen Wünsche aus besonderen Notsituationen.

- Trage solche Situationen und die entsprechenden Wünsche ein.

Timo ist krank.	Er will wieder gesund werden.

❸ In der Sprechblase findest du viele Wünsche.

- Unterstreiche die Wünsche, die wahrscheinlich erfüllt werden, grün, diejenigen, die nur sehr schwer zu erfüllen sind, rot.

Lieber Gott hilf,

dass ich wieder gesund werde.

dass keiner mehr hungern muss.

dass Oma meinen Geburtstag nicht vergisst.

dass ich das Fahrrad zu Weihnachten bekomme.

dass ich einen Freund finde.

dass ich meinen Teddy wiederfinde.

dass es nie mehr Krieg gibt.

dass meine Eltern sich wieder vertragen.

dass ich wieder Arbeit finde.

dass es an meinem Geburtstag nicht regnet.

❹ Viele Menschen vertrauen auf Gott und bitten ihn um Hilfe.

- Warum bitten Menschen manchmal Gott um Hilfe?

Bd. 173. Winfried Röser: Bibel aktuell – 5./6. Schuljahr

Persen® Berger Best.-

❺ Bittet, sucht klopft an!

Jesus hat dies so ausgedrückt:

Mt 7, 7-11

7»Bittet und ihr werdet bekommen!
Sucht und ihr werdet finden!
Klopft an und man wird euch
öffnen! 8Denn wer bittet, der be-
kommt; wer sucht, der findet;
und wer anklopft, dem wird geöff-
net. 9Wer von euch würde seinem
Kind einen Stein geben, wenn es
um Brot bittet? 10Oder eine Schlan-
ge, wenn es um Fisch bittet?
11So schlecht ihr auch seid, wisst
ihr doch, was euren Kindern gut
tut und gebt es ihnen. Wie viel
mehr wird euer Vater im Himmel
denen Gutes geben, die ihn darum
bitten.«

- Was sagt Jesus den Menschen?

bittet ....

....

....

- Warum gibt man seinen Kindern Brot?
- Warum gibt Gott den Menschen etwas, wenn sie ihn bitten?

....

....

....

....

....

Persen® Bergedorfer®
Best.-Nr. 2201

❻ Zwei Bitten – zwei Antworten

Gabi besucht die 6. Klasse einer Hauptschule. Leider zeigt sie wenig Interesse an der Schule; lieber trifft sie sich mit ihren Freundinnen, schaut fern oder verdient sich durch Babysitten etwas Geld. So sind ihre Leistungen schlecht und es besteht die Gefahr, dass sie, bei einer erneuten mangelhaften Leistung in Mathematik, die Klasse 6 wiederholen muss. Am Nachmittag vor der entscheidenden Arbeit war sie im Kino. Abends schickt sie folgendes Gebet zu Gott: »Lieber Gott, du hast gesagt: Bittet, dann wird euch gegeben – Ich bitte dich herzlich, mach, dass die Mathematikarbeit morgen klappt, ich komme dann auch am Sonntag zur Kirche. Amen.« Die Mathematikarbeit war wieder mangelhaft.

Bernd, ebenfalls im 6. Schuljahr, hat seine Probleme im Sport. Noch in keinem Jahr hat es für ihn beim Sportfest zu einer Urkunde gereicht. Dieses Mal soll es endlich klappen. Bernd hat in der letzten Zeit oft trainiert. Er ist gelaufen und gesprungen und hat sich mächtig angestrengt. Morgen ist Sportfest. Zusammen mit seinem Freund hat er nochmals am Nachmittag das richtige Abspringen geübt. Als Bernd abends im Bett liegt, denkt er an das Bibelwort »Wer bittet, der empfängt«, und betet: »Lieber Gott, ich weiß, dass ich im Sport keine Kanone bin. Trotzdem wäre es schön, wenn ich einmal eine Urkunde erreichen könnte. Hilf mir, dass ich genau den Absprung schaffe, dann wird es klappen. Amen.« Bernd zeigt am nächsten Tag stolz seine Urkunde vor.

- Erzähle die beiden Episoden nach.
- Kann Gott den Bernd besser leiden?

❼ Wann werden Gebete erfüllt?

Kerstin bittet seit Tagen in ihrem Abendgebet Gott darum, dass ihre Eltern sich wieder vertragen. Sie selbst tut alles um lieb und nett zu sein. Trotzdem trennen sich ihre Eltern nach kurzer Zeit.

Michaela liegt nach einem Verkehrsunfall in der Klinik. Es besteht die Gefahr, dass sie für immer an den Rollstuhl gefesselt sein wird. Sie bittet Gott jeden Tag mehrfach in ihren Gebeten um Hilfe. Die Operation gelingt. Michaela wird wieder gehen können.

- Gott hat den Wunsch von Kerstin nicht erfüllt. Versuche Gründe dafür zu nennen!
- Es gibt viele Menschen, die Gott um Hilfe gebeten haben und trotzdem keine direkte Hilfe bekommen haben. Warum sagt dann Jesus: »Bittet und es wird euch gegeben ...« ?

Über »rein und unrein«

❶ **Welche Szene könnte dargestellt sein?**

- Spielt sie!
- Schreibt Dinge oder Verhaltensweisen auf, die heute »in« sind.

....

....

....

....

....

....

❷ **Viele Gepflogenheiten, die früher »in« waren, sind heute »out«.**
Sie werden kaum noch gepflegt. Einige haben sich bis heute erhalten.

- Erkläre die Beispiele und notiere, ob »in« oder »out«.

in	out	
☐	☐	Gemeinsamer Familienspaziergang am Sonntag.
☐	☐	Weihnachten gibt es ein besonderes Essen.
☐	☐	Besuch des Gottesdienstes am Sonntagvormittag.
☐	☐	Fein anziehen, wenn man in die Stadt zum Einkaufen fährt.
☐	☐	Beeren sammeln und Marmelade oder Gelee kochen.
☐	☐	Geburtstagsfeier mit der ganzen Familie.
☐	☐	Abends zusammensitzen, sich unterhalten und mit Gesellschaftsspielen beschäftigen.

❸ Zur Information:

Zur Zeit Jesu verhielten sich die Menschen in vielen Dingen anders als heute. Zwei Begriffe, die damals »in« waren, sind *rein* und *unrein*. Der gläubige Jude musste stets darauf achten, dass er niemals unrein (also Sünder) wurde. Unrein war für die Juden alles, was nach ihrem Glauben Gott nicht gefiel und was nicht zu Gott gehörte. Unrein waren z.B.:

- Menschen, die mit Toten Berührung hatten,
- Menschen, die an Aussatz erkrankt waren,
- die Heiden, da sie einen anderen Glauben hatten,
- die Zöllner, da sie für die Römer arbeiteten,
- Menschen, die sich nicht an die Gebote hielten oder auch
- Menschen, die Verbotenes (z.B. Schweinefleisch) aßen.

• Versuche jetzt, die Dinge und Verhaltensweisen zu nennen, die in den Augen der Juden rein waren.

❹ Über »rein und unrein«

Jesus klärt auf:

Mt 15,10-20

[10]Dann rief Jesus die Menge zu sich
und sagte: »Hört zu und versteht!
[11]Nicht das macht den Menschen
unrein, was er durch den Mund in
sich aufnimmt, sondern das, was
aus seinem Mund herauskommt!«
[12]Darauf kamen seine Jünger zu
ihm und sagten: »Weißt du, dass
die Pharisäer über deine Worte
empört sind?« [13]Jesus antwortete:
»Alles, was mein Vater im Himmel
nicht selbst gepflanzt hat, wird
ausgerissen werden. [14]Lasst sie
doch! Sie wollen Blinde führen und
sind selbst blind. Wenn ein Blinder
den anderen führt, fallen beide in
die Grube.«
[15]Da sagte Petrus: »Erkläre uns
doch, was du mit dem Wort von
der Unreinheit gemeint hast!«
[16]»Habt ihr auch noch nicht ver-
standen?«, erwiderte Jesus.
[17]»Begreift ihr nicht, dass alle Nah-
rung durch den Mund in den
Magen geht und dann vom Körper
wieder ausgeschieden wird? [18]Was
aber aus dem Mund herauskommt,
kommt aus dem Herzen und das
macht die Menschen unrein. [19]Denn
aus dem Herzen kommen die
bösen Gedanken und mit ihnen
Mord, Ehebruch, Unzucht, Dieb-
stahl, Verleumdungen und Beleidi-
gungen. [20]Das ist es, was den Men-
schen unrein macht, aber nicht,
dass er es unterlässt, sich vor dem
Essen die Hände zu reinigen.«

• Welche Bilder gebraucht Jesus zum Erklären? Wogegen wendet er sich? Was macht einen Menschen unrein?

Persen® Bergedorfer® Best.-Nr. 2201